100 cosas
que tienes que saber
de la música clásica

Una guía infalible para saber
cuándo hay que aplaudir

David Puertas Esteve

ediciones
Lectio

Primera edición: enero de 2020

© del texto: David Puertas Esteve

© de la edición:
9 Grupo Editorial
Lectio Ediciones
C/ Mallorca, 314, 1.º 2.ª B • 08037 Barcelona
Tel. 977 60 25 91 - 93 363 08 23
lectio@lectio.es
www.lectio.es

Diseño y composición: 3 × Tres

Impresión: Romanyà Valls, SA

ISBN: 978-84-16918-67-6

DL T 4-2020

OBERTURA

Me encanta la música y eso quiere decir que a veces me deja encantado, pero otros me hace sentir nostalgia, o alegría, o me transporta a mundos mágicos, o me serena el espíritu, o me activa con su ritmo, o me acompaña en mis pensamientos. La música sirve para removernos por dentro, para hacer vibrar nuestra alma, nuestro corazón.

La música clásica ha sido durante siglos la principal responsable de esta función. Ahora, por suerte, podemos escoger la música que queramos y el acceso a ella es muy fácil. Pero la clásica sigue siendo portadora de emociones. Este libro cuenta 100 cosas de la música clásica desde fuera y desde dentro, algunas que no habríais imaginado nunca y otras que seguro que ya sabéis, pero está explicado por un apasionado de la música, por alguien que la ha vivido y escuchado desde pequeño porque le tocó nacer en una familia de músicos.

He tenido la suerte de sentarme delante de un atril en medio de una orquesta e interpretar música clásica, de dirigirla, de escucharla, de copiar las partituras, de programarla, de analizarla, de grabarla e incluso de intentar componer música clásica. Pero sobre todo me lo he pasado muy bien explicándola. O, cuando menos, intentándolo. Porque eso de explicar la música es un poco contradictorio: al final siempre te das cuenta de que no hay nada mejor que escucharla.

Por eso al final del libro encontraréis una propuesta de audiciones: 100 audiciones (una para cada capítulo) que no incluyen toda la música clásica, ni mucho menos, pero que son una buena introducción para que cada uno busque un poco más allá y acabe encontrando la que más le gusta, la que más le hace vibrar. Y no olvidéis que escuchar la música en el ordenador, en el móvil o en la tele está muy bien, pero no hay nada como la música en directo: es la experiencia total.

DE CLÁSICA Y NO TAN CLÁSICA

01 / 100

¿QUÉ QUIERE DECIR *MÚSICA CLÁSICA*?

Música clásica quiere decir muchas cosas, algunas muy concretas y otras más generales. Pero *música clásica* es, sobre todo, una etiqueta. Sí: una etiqueta muy grande que, como todas las etiquetas, a veces nos facilita saber de qué estamos hablando, y a veces nos lo complica.

Empecemos por lo más concreto: la música clásica es aquella que se escribió durante el periodo histórico denominado Clasicismo, más o menos entre los años 1750 y 1800. En este corto periodo compusieron su música autores tan importantes como Haydn, Mozart o Beethoven. Y ya está. Justo eso. La «música clásica» duró 50 años. Algunos puristas, algunos musicólogos y algunos vendedores de discos (todavía queda alguno) defienden a muerte que solo esa es la música «clásica-clásica» de verdad. Que el resto, no es clásica: puede ser música renacentista, o barroca, o del Romanticismo, o música serial, o minimalista…

El común de los mortales, sin embargo, utilizamos la etiqueta *música clásica* de una forma mucho más generosa con una acepción que va más allá de las obras escritas exclusivamente en aquel periodo histórico. Por extensión, denominamos *música clásica* a toda aquella música que se parece a la de Haydn, Mozart y Beethoven ya sea por su estilo o por su forma, estructura, concepto, idea o instrumentación. Es decir que denominamos «música clásica» a toda aquella música de concierto que se canta y se toca con orquestas o grupos de cámara formados por instrumentos «clásicos» (violín, violonchelo, flauta, oboe…). Eso quiere decir que también llamamos *clásica* a la música de Brahms o a la de Chaikovski (que son autores del siglo XIX) y también hablamos de *clásica* para referirnos a la música de Ravel, Bartók o Bernstein, que son autores del siglo XX.

De hecho, todas las colecciones de discos de música clásica incluyen obras desde el año 1500 hasta nuestros días, y el libro que tenéis en vuestras manos también habla de la música clásica más allá de los escasos 50 años del periodo del Clasicismo. *Música clásica* es la mayor etiqueta que podemos imaginar: lo incluye casi todo, mientras haya de por medio un violín, o una flauta, o una soprano y mientras aparezcan en la partitura palabras como *sonata* o *sinfonía*.

Hay quien, para definir la música clásica, la contrapone a la música popular y, para hacerlo, ha inventado un sinónimo muy claro: *música culta*. Esta opción considera que la música clásica es más «elevada» que la popular, más intelectual, más técnica, en definitiva más exclusiva. Pero para definir la clásica no hay que contraponerla a nada: todas las músicas lo que pretenden es llegar al público, comunicarse, removerlo por dentro y transmitir emociones. Cada música lo hace a su manera, con sus recursos, pero el objetivo es el mismo. Además, la frontera entre la clásica y la popular a menudo es poco clara: danzas, divertimentos, canciones, música de cine…

El concepto *música clásica* es, pues, muy amplio: incluye música actual y obras escritas hace 500 años, la diversidad de estilos es abrumadora, se puede hacer con docenas de instrumentos diferentes, utiliza palabras específicas como *sonata*, *obertura* o *preludio*, algunas obras son para un solo instrumento y otras para una orquesta de 100 músicos y 200 cantantes, acostumbra a interpretarse en auditorios… Justamente por eso, para entrar un poco más a fondo y para saber con un poco más de detalle qué es la música clásica, os ofrecemos los siguientes 99 capítulos.

02 / 100

UNA HISTORIA DE 500 AÑOS

Las editoriales que publican colecciones de discos tituladas «La música clásica» suelen incluir obras compuestas desde el año 1500 hasta el 2000, década arriba, década abajo. Estos recopilatorios se basan en la premisa que dice que podemos hablar de música clásica después del canto gregoriano.

El gregoriano copó la música religiosa europea durante mil años: desde el año 500 hasta 1500, que no es poco. Se trata de un canto que parte del principio de san Agustín según el cual «quien canta, ruega dos veces». Las tres principales características del canto gregoriano son que se canta en latín (sobre textos de la liturgia cristiana, con algún texto excepcionalmente en griego, como el *Kyrie eleison*), que todo el mundo canta las mismas notas (no hay segundas voces: se denomina *canto monódico*) y que se canta *a capella*, es decir, sin acompañamiento de instrumentos. Paralelamente a su desarrollo, el gregoriano creó un tipo de notación escrita que permitió fijarlo sobre papel y unificarlo en toda Europa.

Durante la edad media, la influencia del canto gregoriano sobre el resto de músicas fue determinante, pero a mediados del siglo XII los músicos empezaron a interesarse por la polifonía, es decir, en la incorporación de diferentes melodías sonando al mismo tiempo: apareció el apasionante juego de las segundas y terceras voces (y cuartas, y quintas…). El canto gregoriano, sin embargo, persistió inalterable a pesar de los diferentes estilos musicales que ya se iban perfilando más allá de la música religiosa (que después hemos bautizado como *Ars antiqua*, *Ars nova* y, ya en el siglo XV, polifonía flamenca) y a pesar de las innovaciones que los músicos iban incorporando y las aportaciones que iban haciendo los teóricos de cada momento.

Desde el punto de vista musical, el paso de la edad media al Renacimiento (a finales del siglo XV, coincidiendo con la invención de la imprenta y el descubrimiento de América) presenta algunas alternativas a la dictadura del canto gregoriano: la música instrumental ya había empezado su carrera imparable (con el desarrollo de diferentes instrumentos como el órgano, el laúd, las flautas, los instrumentos de metal y pronto la familia de los violines) y ya había una demanda importante de música no religiosa en las cortes y casas nobles, además de la música popular que seguía a lo suyo, pero que no quedaba recogida sobre papel.

A partir del año 1500 es cuando consideramos que acaba el monopolio del canto gregoriano y empieza lo que genéricamente denominamos *música clásica*. Aparece un interés creciente por escribir la música aunque no haya una forma única de hacerlo como con la notación gregoriana, coexisten varios tipos de notaciones musicales, de *tablaturas* para los diferentes instrumentos de cuerda, conviven plantillas de cuatro líneas horizontales (tetragramas) y de cinco (pentagramas). El caso es que se genera mucha documentación musical, un hecho que pocos años antes era impensable.

Si cogemos alguna de aquellas partituras del año 1500 y la tocamos y la grabamos, ya tenemos el primer disco de la colección: lo titularemos *Música del Renacimiento*. Y para el resto de discos, utilizaremos las épocas canónicas que se han fijado con el fin de estudiar la historia de la música: el Barroco, el Clasicismo, el Romanticismo y el siglo XX. También podemos utilizar algunas etiquetas que nos permitirán dedicar discos específicos a la música nacionalista, al impresionismo, a la música serial, a la electroacústica... Y listos: ya tenemos toda la música clásica en un puñado de discos. Siempre podemos añadir uno como regalo final dedicado al canto gregoriano. Y dejar bien claro que aquello no es música clásica, que la clásica empezó hace 500 años.

03 / 100

LA CLÁSICA HOY DÍA

Prometo que este será el último capítulo en el que daremos vueltas sobre qué es y qué no es música clásica. Después ya dejaremos el tema porque la respuesta, como se ha visto, es poco concreta. De hecho, hay quien corta la discusión de golpe asegurando que la música clásica es aquella que se tiene que ir a escuchar con esmoquin. Bien: es una idea… ¡según la cual yo mismo nunca habría escuchado música clásica! Y los que la contraponen a la música popular, ya hemos visto que también tienen sus problemas: hay muchas obras dentro de la música clásica que han sido consideradas música popular sin ningún problema (canciones, divertimentos, danzas): ¿alguien tiene claro dónde clasificar los valses vieneses de la familia Strauss, los tangos de Piazzolla, la música de cine o los musicales de Broadway?

Empecemos con un ejemplo clarificador: en el año 1991 el ex-Beatle Paul McCartney (el que tocaba el bajo con el mástil hacia la derecha en el famoso cuarteto de música pop de los sesenta) compuso una obra para orquesta sinfónica y coro de una hora y media de duración: *El oratorio de Liverpool*. La obra tenía todas las características de las grandes obras sinfónico-corales de los siglos XVIII y XIX, y las tiendas de discos lo tuvieron muy claro: pusieron la obra de Paul McCartney en las estanterías de «música clásica», al lado de las obras de Händel, Bach y Mendelssohn.

En el capítulo 1 ya ha quedado claro que la música clásica (la clásica-clásica) es aquella compuesta entre los años 1750 y 1800. En el capítulo 2 hemos ampliado esa restricción y hemos aceptado que podemos llamar *clásica* a toda aquella música que suene a clásica y que esté escrita a partir del año 1500. Y ahora, que ya estamos en el capítulo 3, convendría abrir todavía un poco más el gran paraguas de la clásica para meter obras como las de Paul McCartney antes de que alguien las etiquete como obras *postclásicas* o, quizás incluso, *clásicas 2.0.*

Sin embargo: ¿no resulta un poco extraño que llamemos *música clásica* a una obra escrita en 1991 por un compositor de música pop? El ejemplo demuestra que llamamos *clásica* a todo aquello que suena a «clásico», que incorpora violines y flautas, que se interpreta en auditorios y que tiene un cierto aire de dignidad y elegancia, de exclusividad pomposa. He ahí la gran permeabilidad de la etiqueta *música clásica*: ¡lo puede incluir casi todo! Solo hay que recordar la moda que se inició en los años ochenta de las versiones de música pop interpretadas por orquestas sinfónicas y que no ha tenido fin: *London Symphony play The Beatles, San Francisco Symphony & Metallica, Melbourne Philharmonic & Kiss*, la Filarmónica de Berlín con Scorpions o las míticas producciones de Luis Cobos.

A lo largo de la historia ha habido muchos músicos que han creído que hacer «música clásica» era jugar en la primera división del arte de los sonidos, mientras que dedicarse a la música popular, o al jazz, o ganar millones con la música pop no era suficientemente prestigioso. Así le ocurrió a George Gershwin, compositor norteamericano de obras como *Rhapsody in blue* o *Un americano en París*: se le considera el creador del jazz sinfónico, pero él no tenía suficiente. Quería ser un compositor clásico-clásico. Conoció al compositor francés Maurice Ravel, que le recomendó seguir profundizando en su lenguaje y que se dejara de historias: «Si usted estudia conmigo, solo conseguirá escribir malos raveles; es mejor que siga escribiendo buenos gershwins.» Un caso parecido es el de Astor Piazzolla, compositor argentino que revolucionó el mundo del tango. Se fue a Francia pensando que allí aprendería de verdad a ser un compositor «clásico»... y su maestra, Nadia Boulanger, le hizo entender que su autenticidad estaba en el tango.

Gershwin y Piazzolla lo entendieron y siguieron trabajando en su lenguaje hasta hacerse un lugar en la música clásica desde el jazz y desde el tango. Pero hay algunos que siguen picando piedra: McCartney publicó el 1997 otro oratorio (*Standing stone*), en 1999 un disco con versiones sinfónicas de sus canciones, y en 2006 otro disco sinfónico-coral (*Ecce cor meum*). ¡A ver quién se atreve ahora a decirle que no es un compositor de música clásica!

04 / 100

ESCRIBIR LA MÚSICA

Si la música clásica se nutre de obras escritas durante los últimos 500 años es porque, antes, la música se escribía poco y, a menudo, con sistemas de notación que todavía no hemos descifrado del todo. Entre los musicólogos buscadores de partituras antiguas es famoso el Epitafio de Seikilos, unos signos grabados sobre una pequeña columna de mármol que se han interpretado como una partitura de una canción y que datan de hace unos 2.000 años. Se ha hecho una transcripción a la notación actual y, la verdad, suena muy bonito. Además, la letra es clara y directa; en traducción libre viene a decir: «Vive la vida y no te preocupes, que son cuatro días.»

Se han localizado partituras incluso anteriores, algunas de la antigua China imperial y, las más antiguas, en escritura cuneiforme: hay una tabla de arcilla localizada en Nippur (Iraq) que tiene unos 4.000 años (de la época de los sumerios) y que vendría a ser como una tablatura que indicaría al intérprete qué notas tiene que tocar sobre un instrumento de cuerda. También se conservan partituras de los babilónicos, de los israelitas, de los egipcios... Todos los pueblos han querido escribir su música, pero la dificultad para hacerlo siempre ha sido notable.

La mayoría de estas partituras antiguas son indicaciones para interpretar la música, pero se supone que el intérprete tiene que conocerla previamente. Es el caso de la primera notación del canto gregoriano, la llamada *notación neumática*, que permite seguir la melodía solo si se conoce previamente la afinación exacta, ya que los neumas son muy imprecisos y solo sirven (que no es poco) para recordar si la melodía va hacia arriba o hacia abajo o si hay que alargar la nota o si se tienen que unir varias sílabas. En una época en la que la música se transmitía de forma oral y había que recordar docenas de melodías, los neumas fueron de gran ayuda. Recordemos que, en el siglo XI, el canto gregoriano ya cubría todas las festividades del año religioso, con introitos, antífonas, graduales, aleluyas, ofertorios, comuniones, secuencias y todos los ordinarios: kyries, glorias, credos... ¡Se requería una memoria de elefante para recordar tantas melodías!

Hacia el año 1000 se produjo la revolución definitiva en la escritura musical: Guido de Arezzo, un monje benedictino, propuso escribir los neumas sobre una plantilla de cuatro líneas (un tetragrama) y, además, les puso nombre en función del lugar en el que estaban escritos: ut, re, mi, fa, sol, la. La idea triunfó y poco a poco se fue desarrollando e imponiendo por todas partes. 500 años después el sistema ya estaba fijado, más o menos, tal como lo conocemos hoy: la nota ut pasó a llamarse do, se añadió una nota más (el si), se incorporó una línea más a la plantilla (el pentagrama), se desarrollaron las plicas y los corchetes de las notas (las grafías que indican la duración de cada nota)... y he aquí que la unificación de un sistema de notación y la facilidad en su utilización permitieron que la música empezara a correr.

Además, la escritura musical unificada aprovechó el invento de la imprenta de Gutenberg: un impresor italiano establecido en Venecia, Ottaviano Petrucci, fue el primero en imprimir partituras de forma industrial (la primera, el año 1501: una colección de canciones). Y la rueda ya no paró: las obras musicales empezaron a moverse por Europa, se escribían y se leían igual en todas partes, podían complicarse todo lo que se quisiera (ya no había que memorizarlas) y se podían escribir muchas voces diferentes sin ningún miedo. Factores que promovieron el nacimiento de la música clásica hay muchos, pero no hay duda de que la escritura es uno de los más importantes.

05 / 100

DEL RENACIMIENTO AL ROMANTICISMO

Las etapas en que los musicólogos han dividido el estudio de la música clásica son, más o menos, las mismas que en el resto de las artes, pero con algunas particularidades. Después de la música medieval estudiamos el Renacimiento (1400-1600), el Barroco (1600-1750), el Clasicismo (1750-1800), el Romanticismo (1800-1900) y el siglo XX (1900-2000).

En el Renacimiento es cuando, musicalmente, la cosa se complica: los músicos se liberan de la influencia del canto gregoriano (que llevaba mil años ejerciendo su dictadura) y se lanzan abiertamente en brazos de la polifonía. La evolución de la escritura les permite componer obras cada vez más complejas, a tres voces, a cuatro, a ocho… y las enriquecen con la incorporación del contrapunto, es decir, con diferentes melodías que discurren paralelamente, cada una de forma libre, pero que conjuntamente suenan bien. A veces este placer desmedido por la polifonía llevó a la creación de obras bastante abstractas, con diferentes voces cantando cada una en un idioma diferente.

La aparición de la ópera, la consolidación de la familia de los violines y la incorporación de una técnica de acompañamiento instrumental denominada *bajo continuo* dieron paso a la época del Barroco, cuando ya empezamos a hablar de grandes compositores como Bach, Händel o Vivaldi, aunque la estructura social (y laboral) siguiera considerando al músico como un elemento más del personal al servicio de un noble, de un príncipe o de un eclesiástico con recursos. La ópera causó estragos en la sociedad de la época: se inició en Italia (donde se convirtió en un espectáculo de masas) y se fue extendiendo por toda Europa. Por otra parte, la orquesta de cuerda, formada por violines, violas, violonchelos y contrabajos, se consolida como formación estable y caen en desuso instrumentos como las violas da gamba o los laúdes.

Se ha hecho coincidir la fecha de la muerte de Bach (1750) con el inicio del Clasicismo, una etapa breve en la que escriben música Haydn, Mozart y Beethoven. ¡Casi nada! Se consolidan ciertas formas musicales como el cuarteto de cuerda o la sinfonía, se desarrollan otros, como el concierto para instrumento solista o la ópera, y hace su aparición el piano, un utensilio sonoro que, en pocos años, hará olvidar al clavicémbalo.

El inicio del Romanticismo coincide con la Revolución Francesa, con la revalorización del individuo y del artista y con la reivindicación de la libertad creativa. Aparecen tipos de obras musicales absolutamente nuevos, ligados a esta libertad: impromptus, oberturas, nocturnos… La figura del compositor, ya completamente liberado de la estructura feudal, se reivindica con fuerza (Liszt, Mendelssohn, Brahms) aunque en determinados casos el ideal «romántico» se lleva a algunos por delante demasiado temprano (Schubert, Chopin, Bizet). La orquesta clásica sigue creciendo (se incorporan nuevos instrumentos) y la ópera se consolida como el mayor espectáculo de todos los tiempos. A finales del siglo XIX ya hay muchos compositores que consideran que el lenguaje musical clásico ha tocado fondo y que se necesita una sacudida importante. Pero no hay duda de que la música clásica entra en el siglo XX en su momento álgido.

06 / 100

EL CAOS DEL SIGLO XX

En el capítulo anterior hemos resumido todo el siglo XIX bajo un único epígrafe: Romanticismo. Pero si acercamos la lupa, fácilmente aparecen otras etiquetas como el nacionalismo (con autores como Dvořák, Grieg o Mussorgsky que reivindican la música con raíz patria), el virtuosismo (con personajes como Paganini o Liszt, que divinizan la figura del intérprete), el verismo (con argumentos operísticos centrados en la cruda realidad de las clases bajas) o el impresionismo (con la apuesta por los nuevos lenguajes que hicieron Debussy o Ravel).

Eso de los «nuevos lenguajes» es un eufemismo para decir que el lenguaje musical clásico había tocado fondo. Muchos compositores, ya desde mediados del siglo XIX, consideraban que las normas de la armonía tradicional estaban superadas. Que los estudios musicales en los conservatorios, llenos de normas y de cosas prohibidas, lo que hacían era, precisamente, conservar pero no permitían evolucionar. Cada vez que alguien aportaba una idea nueva en el lenguaje musical se consideraba un atentado a la tradición, una ruptura, una revolución.

Y así, poco a poco y siempre a contracorriente, el lenguaje clásico se fue expandiendo a base de excepciones. Primero, se puso de moda el cromatismo, es decir, añadir notas de color a las melodías y también a los acompañamientos: sería como tocar una escala en un piano, solo con las teclas blancas, pero añadir de vez en cuando alguna de las teclas negras, o incluso, todas ellas. Después vino la armonía ampliada, es decir, añadir sonidos a los acordes clásicos formados por solo tres notas, de manera que ahora los acordes podían tener perfectamente cuatro o cinco notas. Después vino el cromatismo dentro de los acordes, es decir, se inventaron acordes nuevos que hasta aquel momento la armonía clásica había considerado prohibidísimos.

Algunos intentaron hacer explotar el lenguaje clásico a base de ampliarlo (como Wagner, Mahler o Scriabin), otros a base de simplificarlo buscando sonoridades arcaicas (como Debussy o Satie) y otros, sencillamente, inventaron otra cosa, propusieron unas nuevas reglas del juego (como Arnold Schönberg con la música dodecafónica).

Así que, si para acercarnos al siglo XIX nos bastaba con una lupa, para afrontar el siglo XX necesitaríamos un microscopio de muchos aumentos. La cosa empieza con el postromanticismo que corre paralelo al neoclasicismo y al impresionismo, después ya se llama modernismo a todo aquello que buscaba ser diferente, incluidos el atonalismo y la experimentación. El primero en romper la baraja fue Schönberg con una propuesta teórica muy elaborada: el dodecafonismo, base de la música serial. Después hubo un rebrote del folclorismo y del primitivismo (con Stravinsky y Bartók al frente), y novedades constantes como el microtonalismo, el serialismo integral, la música concreta, la electroacústica, la música aleatoria, el minimalismo, el tintinabulismo de Arvo Pärt o cualquier otro estilo, propuesta o invento que se haya enmarcado dentro de la vanguardia, y que haya dejado de estar ahí en cuanto ha aparecido una propuesta nueva.

07 / 100

LA CLÁSICA DE HOY DÍA (DE VERDAD)

Y ya que estamos en el siglo XXI, pues hablemos de la música clásica que se hace hoy día, más allá de las aproximaciones «sinfónicas» de otros géneros que quieren darle sonido orquestal a sus músicas. En los conservatorios de música se sigue enseñando la armonía clásica (la de Bach, Mozart y Schumann), la de los innovadores de finales del siglo XIX (Wagner, Debussy), el nuevo lenguaje musical de los rompedores absolutos (Schönberg, Berg o Varese), las ideas de los vanguardistas (John Cage, Pierre Boulez, Stockhausen) y todo aquello que ha ido apareciendo a lo largo de la historia de la música. Pero, como en el resto de las artes, cada autor tiene que buscar su propio lenguaje, por lo que la música clásica actual presenta infinidad de aspectos, infinidad de sonoridades.

A los que nos gusta intentar comprender cómo se ha ido desarrollando la música a lo largo de la historia, el siglo XX nos hizo un regalo, un regalo que, de momento, se está extendiendo al siglo XXI: hasta aquel momento habíamos dispuesto la clasificación del mundo sonoro en grandes bloques contenedores denominados Barroco, Clasicismo y Romanticismo. Y con eso (y algunos subgrupos solo aptos para expertos) teníamos bastante para ordenar la creación musical del mundo occidental. Pero llegó el siglo XX, y los bloques contenedores se multiplicaron. Empezamos con la música nacionalista e impresionista, y enseguida el abanico se abrió a corrientes estéticas muy diversas: atonalismo, dodecafonismo, primitivismo, vanguardia, microtonalismo, música concreta, electroacústica, aleatoria, experimental, minimalismo... Para comprender la música del siglo XX, hemos creado una grandísima cómoda llena de compartimentos (algunos de ellos, minúsculos), y nos hemos dado cuenta de que la mayor parte están conectados y, para comprender uno de estos estilos, tienes que abrir otros cajoncitos porque de lo contrario no entiendes nada.

Como decía el compositor norteamericano John Cage: «Vivimos en un tiempo en el que no hay una corriente principal, sino muchas corrientes o, incluso, si se quiere pensar en un río de tiempo, podemos decir que hemos llegado a un delta, quizás incluso más allá de un delta, a un océano que se extiende hasta el cielo.»

Por eso no nos extrañe si, al lado de obras musicales de aspecto neoclásico o neorromántico, encontramos obras del tipo *Cuarteto de cuerdas para cuatro helicópteros* (obra de Karlheinz Stockhausen estrenada en 1995), o la *Sinfonía Sincrotrón Alba* (2010), del catalán Joan Guinjoan, dedicada al acelerador de partículas del Barcelona Synchrotron Park de Cerdanyola del Vallès. El caso es que las orquestas, grupos de cámara, compañías de ópera, bandas y agrupaciones corales siguen estrenando obras nuevas todos los años. De estéticas diferentes. Con más o menos éxito de público. Pero la creación de música clásica contemporánea no se detiene.

Ahora bien: una cosa es la música que se hace en el siglo XXI y otra la que realmente se escucha en el siglo XXI. La emisora de música clásica Catalunya Música convocó en 2012 un concurso para escoger la obra más popular entre sus oyentes. La lista final de los «25 principales» la encabezaba Mozart con *La flauta mágica*, seguida de Beethoven con el *Concierto para piano n.º 5*. Hasta el décimo puesto de la lista encontrábamos obras de Verdi, Bach, Satie, Wagner, Chaikovski, Puccini, otra de Mozart y otra de Beethoven. La primera obra de una mujer aparecía en el puesto 25 de la lista: *Chocolat*, de Rachel Portman. Después de esta banda sonora cinematográfica, las obras más modernas de la lista son de autores catalanes: en el puesto número 20 estaba *Música callada*, de Frederic Mompou (cuatro álbumes de música pianística compuestos entre 1951 y 1967), y la sardana *Girona m'enamora* (1989), de Ricard Viladesau, en el 16.º lugar de la lista. La emisora volvió a convocar el concurso a finales de 2017 proponiendo una votación entre 20 obras escogidas previamente: 3 del Barroco, 4 del Clasicismo, 10 del Romanticismo y 3 escritas más allá de 1920: *Rhapsody in blue* (1924), de Gershwin; *Bolero* (1928), de Ravel, y *Concierto de Aranjuez* (1939), de Joaquín Rodrigo.

08 / 100

¿QUIÉN INVENTÓ EL CONCIERTO DE PAGO?

Eso de pagar para escuchar música se lo inventaron los empresarios de ópera en Italia a inicios del siglo XVII. El primer teatro dedicado a la ópera que abrió al público fue el Teatro San Cassiano de Venecia, en el año 1637. Hasta aquel momento, los teatros eran privados y solo accedían los *vips*. Esa fue la primera vez que se cobró una entrada para poder entrar en un teatro con una temporada estable y ver una representación. Más que ver y escuchar tendríamos que decir «vivir» la representación, porque en aquella época estaba más o menos claro cuándo y cómo empezaba la función, pero nadie podía predecir cómo acabaría, ni tampoco cuándo. Las representaciones en los teatros populares se vivían apasionadamente, con fervorosos fans y activos detractores de los cantantes y compositores de turno. Así, una velada operística podía durar 5 horas a base de bises y más bises ante los aplausos cálidos de un público entregado, o podían acabar a palos, ante los silbidos o el lanzamiento de verduras al escenario. Una auténtica aventura.

Pero pagar para ir a la ópera no es estrictamente pagar para ir a escuchar un concierto. Este invento fue posterior. La idea se le atribuye a Georg Philipp Telemann, el compositor del Barroco alemán más prolífico que se conoce. Si echáramos una ojeada a la sociedad europea del año 1700, veríamos que no era fácil escuchar música de forma asidua. Las iglesias y las fiestas populares eran los únicos espacios (aparte de las tabernas y los mercados) donde se podía escuchar música de forma habitual. El concepto *concierto* como espacio tranquilo donde poder escuchar obras interpretadas por un grupo de músicos solo se daba en casa de los aristócratas y nobles que se podían permitir tener músicos a su servicio, o contratar de vez en cuando alguna formación de cámara más o menos numerosa.

Telemann fue considerado el músico más prestigioso del momento (más incluso que su amigo Johann Sebastian Bach) y trabajó para diferentes cortes alemanas: Bayreuth, Gotha, Weimar, Leipzig, Hamburgo... Compuso centenares de obras religiosas y aún más centenares de obras profanas, es decir, miles de páginas de música de concierto. La función de esta música era la de ser interpretada en casa del noble de turno, pero Telemann lo aprovechaba para interpretarla en otros espacios. En el año 1701 fundó el Collegium Musicum de Leipzig, una especie de asociación de amigos de la música, que reunía estudiantes y músicos profesionales para la práctica vocal e instrumental libre, sin ninguna sujeción de mecenazgo ni clerical. Ofrecían conciertos en diferentes lugares, pero se hicieron especialmente famosos los que celebraban semanalmente en el Café Zimmermann, en la plaza del mercado de Leipzig, donde el público solo pagaba la consumición.

Pero los conciertos para que pudiera acceder todo el mundo que lo quisiera (todo el mundo que pudiera pagar una entrada) los dinamizó Telemann a partir de 1721 cuando ocupó la dirección musical de las iglesias de Hamburgo. Se involucró en la vida musical de la ciudad mucho más allá de las obligaciones de su cargo y empezó a ofrecer conciertos públicos, con el apoyo de diferentes mecenas y el cobro de una entrada por persona. Poco a poco la modalidad de concierto de pago se fue extendiendo por toda Europa y acabó así la exclusividad de la música clásica para los más poderosos.

Y también hay que tener presente a Albert Gutmann, un agente musical austriaco que se estableció al lado del edificio de la ópera de Viena en el año 1875: el primer gran negocio lo hizo vendiendo entradas para los conciertos de la Filarmónica de Viena, pero con la peculiaridad de que vendía exactamente el doble de localidades de la capacidad que podía acoger el Musikverein. De esta manera, un mismo programa de la orquesta podía ser ofrecido dos veces (uno en temporada oficial y el otro, el día siguiente) sin que la orquesta tuviera que hacer ningún ensayo extra. Los músicos salían ganando y él, también.

09 / 100

¿CUÁNDO HAY QUE APLAUDIR?

A veces, los rituales propios de la música clásica han llegado a crear cierta presión sobre el público. Eso quiere decir que el público que no es habitual de la clásica lo puede llegar a pasar mal por miedo a meter la pata. Pero no hay que tener miedo: los rituales se aprenden rápido y, mirándolo bien, tienen su lógica. Lo mejor es mostrarse lento de reflejos y reaccionar tarde, es decir, observar y hacer lo mismo que haga la mayoría, pero unos segundos después que ellos.

Esto de los rituales es propio de todos los círculos corporativos y la música clásica es uno de ellos (el público habitual del rock también tiene sus rituales, y el de la electrónica, ¡y no digamos el del jazz!). Este libro que tenéis en vuestras manos es una herramienta más para abrir el mundo de la clásica a todo el mundo... pero cuesta. El corporativismo musicoclásico es fuerte y excluyente y, en lugar de abrir los brazos para acoger a todo el mundo, a veces mira con menosprecio a aquellos que no son del club, los considera indignos de su pertenencia o siente amenazada su exclusividad si se deja entrar a demasiada gente. Uno de los rasgos de exclusividad en el club de la clásica es la capacidad de saber cuándo se tiene que aplaudir. Es una práctica que sus miembros han adquirido y perfeccionado a lo largo de los años y durante la asistencia a docenas de conciertos. Aquí va una guía práctica del aplauso desinhibido en las salas de concierto:

1) A veces hay una especie de incontinencia aplauditiva en el público de la clásica que obliga a aplaudir cuando aparece la orquesta en el escenario (cuando entran los primeros músicos el aplauso es sonoro y generoso, pero poco a poco se va perdiendo y cuando entran los últimos músicos ya prácticamente no aplaude nadie), se vuelve

a aplaudir cuando entra el primer violín, cuando entra el director y cuando entra el solista invitado. A veces también hay quien aplaude al personal de escena que entra a hacer algún retoque de última hora o a colocar partituras en un atril justo antes de empezar. En este caso no habría que aplaudir, pero, por aquella incontinencia mencionada, el aplauso al técnico de turno es muy habitual y siempre resulta divertido.

2) Hace 250 años el público aplaudía cuando le apetecía, incluso a media pieza, pisando tranquilamente y sonoramente la interpretación de la obra. Los músicos seguían tocando y listos. Ahora no: ahora el silencio es religioso y solo se aplaude al final de la obra.

3) ¿Cuándo es el final de la obra? Aquí viene el problema. Hay muchas obras de música clásica que tienen diferentes partes, vendrían a ser como los diferentes actos de una obra de teatro. En el teatro hemos adquirido la costumbre de aplaudir después de cada acto (cada vez que cae el telón), pero con la música clásica no: solo aplaudimos al final de todo. Conviene echar una ojeada al programa de mano donde normalmente se indica cuántos movimientos, cuántas partes, tiene cada obra. Si se interpreta el *Concierto para piano n.º 23* de Mozart, veremos que tiene tres partes, lo que nos indica que no hay que aplaudir la primera vez que paren de tocar, ya que solo habrán interpretado el primer movimiento. Hay obras, como las suites, que pueden tener cinco, siete o catorce movimientos, así que paciencia.

4) Cuando ya ha acabado la obra y todo el mundo aplaude, se produce otro ritual que exige del buen aplaudidor un entrenamiento de fondista. La secuencia es la siguiente: acaba la obra, el director saluda, el solista también, se marchan del escenario, se queda la orquesta sentada, vuelven a entrar en el escenario, hacen levantar a la orquesta, la orquesta se vuelve a sentar, se marchan de nuevo el director y el solista, vuelven a entrar, vuelven a saludar… hasta que el solista decide ofrecer una propina al público. Solo entonces se puede parar de aplaudir. Entretanto se puede optar por aplaudir ininterrumpidamente o, hábilmente, ir parando y, en los momentos de pausa, ir moviendo la cabeza ostensiblemente como diciendo «que sí, que sí, que ahora seguiré aplaudiendo, pero dejadme descansar un momento».

10 / 100

LA TOS Y EL PAPELITO DEL CARAMELO

Mirar el programa de mano de un concierto para saber cuántas partes tiene una obra es muy útil no solo para saber cuándo podemos aplaudir, sino también para planificar a corto plazo cuándo podemos empezar a emitir sonidos corporales, sea en forma de tos, estornudo o cambio de postura en la butaca; o incluso cuándo podemos desenvolver el caramelo de menta para no tener que sufrir un ataque de tos en mitad de la sinfonía.

Eso de hacer ruidos en pleno concierto es otro de los temas que suele preocupar al público no habitual de la música clásica. Desde fuera, se ve el ritual de la clásica como una cosa mística con un ser supremo inviolable que lo domina todo que se llama silencio. Y, la verdad, no hay que sufrir tanto. Claro está que hay que preservar el silencio para escuchar bien un concierto, pero eso se hace de forma natural, como cuando vamos al cine, sin necesidad de sufrir en exceso. ¡A veces ese mismo sufrimiento es el que acaba provocando que nos empiece a picar la nariz o la garganta!

Durante muchos años, los programas de mano de los conciertos que se celebraban en el Palau de la Música Catalana incluían un texto que recomendaba toser o estornudar tapándose con un pañuelo ya que, según pruebas acústicas realizadas por expertos, el sonido resultante equivalía a una trompa tocando flojito (concretamente: *pianissimo*), mientras que, si se hacía sin pañuelo, la cosa resultaba equiparable a un *fortissimo*. Una frase parecida aparece ahora en los programas de mano del Auditori: «Agradeceríamos que apagaran los móviles, desactivaran las alarmas sonoras y contuvieran la tos. Un pañuelo reduce notablemente el ruido.»

El tema del caramelito de menta o de eucalipto es otra cosa. Cuando alguien ya no puede alargar más la contención de la tos y necesita refrescar la garganta con el caramelo que lleva en el bolsillo, empieza la odisea de sacar el envoltorio de celofán haciendo el mínimo ruido posible. Y no se puede. Los envoltorios de caramelo los hacen ruidosos y basta. No se puede luchar en contra. Mi recomendación es hacerlo rápido, como cuando nos arrancamos una tirita: ¡Chas! Listos.

¿Por qué hay tanta devoción por el silencio en la música clásica? Sabemos que hace 250 años eso no era así: en los conciertos, la gente era mucho menos respetuosa desde el punto de vista sonoro, comían y comentaban la jugada mientras la orquesta seguía tocando. Pero hoy día las cosas han cambiado mucho, hemos construido auditorios pensados para poder captar el sonido perfectamente desde cualquier butaca, la experiencia de la clásica implica que haya pocas distracciones sobre el hecho sonoro, los músicos visten igual, con colores neutros, las paredes de los auditorios modernos son diáfanas, planas, de madera, sin grabados ni relieves ni colorines que nos puedan distraer de aquello que realmente importa: el sonido. La definición de *tos* tendría que ser: «Lo que suena entre los movimientos de una sinfonía.»

DE COMPOSITORES

11 / 100

LOS ANTIGUOS: CABEZÓN Y MONTEVERDI

El repertorio musical empieza a tener presencia en forma de partituras (manuscritas o impresas) a partir del año 1500 y, en consecuencia, también son de aquella época los nombres de los primeros compositores y teóricos que están bien documentados. Como personajes indispensables de la música renacentista hemos seleccionado un compositor español de obras para teclado y uno italiano que ha pasado a la historia como creador de la ópera.

Antonio de Cabezón quedó ciego hacia los ocho años, pero la criatura ya tenía el gusanillo de la música, así que sus padres lo llevaron a estudiar a la catedral de Palencia. Había nacido en 1510 en Castrillo Matajudíos, un pueblo a media hora de Burgos que actualmente tiene 56 habitantes y que en 2015 celebró un referéndum para cambiar el nombre del pueblo: ahora se llama Castrillo Mota de Judíos y la plaza Mayor está dedicada a su hijo musical más ilustre. Cabezón destacó como intérprete de instrumentos de tecla (órgano y clavicémbalo) y dejó escritas docenas de obras para estos instrumentos, que su hijo publicó en 1578. Murió en Madrid, pocos días antes de cumplir los 56 años. A los 16 años ya estaba al servicio de la corona española, primero sirviendo a la emperatriz Isabel de Portugal y después a su esposo, Carlos I de España y V del Sacro Imperio Romanogermánico y, más tarde, a Felipe II. A pesar de la tendencia belicista de estos personajes reales, eran muy conscientes de que tenían a su servicio al mejor músico de Europa y por eso lo pasearon y lucieron por todas partes: Países Bajos, Alemania, Italia, incluso Inglaterra.

La técnica contrapuntística (superponer diferentes melodías a la vez) de Cabezón y su capacidad de improvisación influyó mucho sobre los compositores del momento, como Josquin Desprez, Tomás Luis de Victoria, Luis de Narváez o William Byrd. Entre sus obras destacan las *diferencias* (variaciones sobre un tema) y los *tientos* (obras en estilo imitativo y polifónicas, esto es, a varias voces que se van pasando el tema principal de unas a otras). En su sepulcro se puede leer el epitafio que puso el rey de España:

> En este sepulcro descansa aquel privilegiado Antonio, que fue el primero y el más glorioso de los organistas de su tiempo. Su apellido, Cabezón, ¿para qué seguir?, cuando su fama llena los mundos y su alma mora en los cielos. Murió, ¡ay!, llorándole toda la Corte del Rey Felipe, por haber perdido tan rara joya.

Un año después de la muerte de Cabezón (en mayo de 1567) nació en Cremona Claudio Monteverdi, que ha pasado a la historia por la obra que estrenó en Mantua cuando tenía 40 años: *La favola de Orfeo*, considerada la primera ópera (no es exactamente la primera, pero fue el modelo a seguir). Monteverdi era un genio del contrapunto, de la melodía, de la instrumentación… y también del teatro. Su visión escénica de las historias musicales que se representaban en los palacios de los nobles (los madrigales) le permitió crear un tipo de obra muy atrevido, con fragmentos de danza, con canciones a solo, dúos, coros, fragmentos instrumentales, maquinaria teatral pesada (carros que vuelan, apariciones y desapariciones) y una música modernísima que refuerza el hecho dramático en cada compás.

El éxito de su propuesta fue tan espectacular que hizo nacer un nuevo género que cambiaría completamente la historia de la música e incluso los hábitos de consumo musical de la sociedad, visto el éxito popular que tuvo y que todavía tiene el género operístico. Estrenó otras óperas, como *Il ritorno de Ulisse in patria* o *La incoronazione di Poppea*, pero una de sus piezas más conocidas son los 10 minutos del *Lamento de Arianna*, el único fragmento que se ha conservado de una ópera titulada *Arianna*. Si alguna vez encontráis una carpeta con partituras llenas de polvo que lleven este título, habréis encontrado un tesoro.

12 / 100

LOS BARROCOS: VIVALDI Y BACH

La música del Barroco es la primera gran estrella en las colecciones de música clásica. Quizás hay uno o dos discos con música anterior, pero los platos fuertes empiezan en el Barroco con tres nombres de primera división que todo el mundo conoce: Vivaldi, Bach y Händel. A partir del año 1600 ya tenemos cantidad de nombres famosos, quizás no tan conocidos como este tridente, pero nombres que también juegan en primera. Aquí va un posible once titular por orden cronológico: Jean Baptiste Lully, Johann Pachelbel, Arcangelo Corelli, Henry Purcell, Alessandro Scarlatti, François Couperin, Tomaso Albinoni, Georg Philipp Telemann, Jean Philippe Rameau, Giovanni Battista Pergolesi y Antonio Soler (siempre conviene poner a un jugador de casa).

La mayoría de estos autores ya se dedicaron a la música atendiendo encargos mucho más variados que en la época del Renacimiento. Les tocó componer música instrumental para los palacios de los nobles, obras religiosas para los oficios (católicos o luteranos, según las tierras que pisaban), óperas (por encargo o a cuenta propia), obras para el entretenimiento del público (divertimentos, casaciones, suites) y obras de diferentes dificultades para publicar en papel y vender las partituras a los cada vez más numerosos músicos amateurs que los domingos por la tarde se reunían en casa de uno u otro para tocar la música del momento.

Antonio Vivaldi es conocido principalmente por una obra, que en realidad son cuatro: *Las cuatro estaciones*. Se trata de cuatro conciertos para violín y orquesta, es decir, obras en las que destaca un violín solista y la orquesta acompaña. Aparte de las notas escribió cuatro poemas, cuatro sonetos, en los que explica las bellezas y particularidades de cada estación del año, de forma que la música va traduciendo en notas cada una de las palabras de los textos: allí aparecen diferentes pájaros (abubilla, tórtola, jilguero), riachuelos, fuentes, calor, lluvia, viento, rayos y truenos. De ahí que sea la obra ideal para explicar qué es la música descriptiva. De obras de este tipo, pensadas para el éxito de un instrumento solista, Vivaldi compuso cerca de 500, la mayoría destinadas a ser interpretadas en los conciertos matinales de los sábados que ofrecía con su orquesta de chicas del orfanato Ospedale della Pietà, de Venecia, donde ejerció de profesor durante 30 años. Paralelamente a su tarea docente hizo carrera como compositor de óperas: llegó a escribir más de 40. Tuvo algunos problemas para hacer compatible la vida de la farándula (era empresario de su propia compañía operística) y la vida de recogimiento piadoso y castidad sin fisuras que requería su condición de cura, pero fue surfeando las dificultades y escribiendo obras sin parar.

No hace falta ponerse de rodillas, pero Johann Sebastian Bach es el músico que todos los compositores posteriores admiran. Escribió centenares de obras y todas ellas son dignas de estudio: solo mirándolas, se aprende música. Escuchándolas, se eleva el espíritu. Bach no era cura, pero consagró su obra a Dios e incluso su música profana (conciertos, suites, partitas) tiene un punto de misticismo que nos eleva el alma igual que su música sacra (cantatas, oratorios, pasiones). Tuvo 20 hijos de dos matrimonios (7 hijos con Maria Barbara y 13 con Anna Magdalena) y algunos de ellos de dedicaron a la música y llegaron a ser más famosos que su padre.

13 / 100

LOS CLÁSICOS: HAYDN Y MOZART

¡Por fin hablamos de la música clásica de verdad! El periodo del Clasicismo es muy breve, se desarrolla entre los años 1750 y 1800, más o menos, porque siempre hay quien pone fechas en función de la muerte de alguien: por ejemplo, hay quien lo alarga hasta 1809 porque murió Haydn, o quien lo acorta hasta 1791, año en el que murió Mozart. En cualquier caso, es una época en la que se consolidan dos tipos de obras musicales que son fundamentales en esto de la música clásica: la sinfonía y el cuarteto de cuerda.

Los compositores siguen estando al servicio de algún noble, pero las cosas empiezan a cambiar: buscan encargos más allá de las paredes del palacio, organizan sus propios conciertos de pago (¡a menudo la cosa no sale bien y pierden mucho dinero!) y las editoriales de música empiezan a ser un negocio rentable. La ópera ya ha traspasado las fronteras de Italia y se ha convertido en un fenómeno de masas por toda Europa, lo que permite a los compositores diversificar su trabajo, y la música instrumental escrita a mayor gloria de los virtuosos también se ha consolidado. Una figura muy habitual en la época será la del compositor-intérprete (sobre todo pianista) que escribirá sus propias obras y se presentará ante el público tocándolas él mismo. Aquí van los dos referentes del Clasicismo:

Franz Joseph Haydn es conocido con el nombre de *Padre de la Sinfonía*, no porque inventara él este tipo de obra, sino porque la desarrolló de tal manera que todo el mundo lo quiso imitar: la estructuró en cuatro movimientos, experimentó con las posibilidades tímbricas de la orquesta, amplió la instrumentación, apostó por la expresividad, combinó el estilo contrapuntístico con el estilo galante (más ligado a la seducción de la melodía)… y compuso más de 100. Tradicionalmente su catálogo incluye 104 sinfonías, pero los musicólogos han podido acreditar que de su pluma salieron más y, de momento, ya han certificado dos: vamos por las 106. Haydn se pasó 30 años al servicio de los príncipes Esterházy, pero sus manuscritos se publicaban en editoriales de París y Viena y pronto fue el compositor más reconocido de Europa. A los 60 años hizo un par de estancias en Londres que lo acabaron de consagrar como un ídolo de masas.

Wolfgang Amadeus Mozart es el ejemplo musical de niño prodigio: a los tres años ya tocaba el clavicémbalo y el violín y le dictaba partituras a su padre, a los seis emprendió una gira por Europa que duró tres años (acompañado por su hermana, también un prodigio musical, y de su padre), a los 12 estrenaba una ópera y a los 16 ya buscaba trabajo, porque cuando empiezan a salir pelos en la barba ya no haces tanta gracia y hay que buscarse la vida. Estuvo al servicio del príncipe de Salzburgo, pero a los 25 años se marchó y se instaló como músico libre en Viena. Músico libre quiere decir que no estaba al servicio de nadie en concreto, pero que tenía que aceptar sí o sí los encargos de todo el mundo: óperas, sinfonías, divertimentos, suites, música coral, misas, dar clases, organizar conciertos… El estrés y alguna enfermedad infantil mal curada derivaron en las complicaciones que se lo llevaron con solo 35 años. Nos dejó, sin embargo, un legado impresionante y, al mismo tiempo, inexplicable. Su música es maravillosa siempre, espontánea, optimista, energética. Del análisis técnico de sus partituras se desprende una perfección indiscutible pero no se puede explicar la magia, la genialidad, la vibración que surge de ellas y que nos toca y remueve por dentro. Mozart es otra cosa. Y quizás la gracia está en no poder explicarlo con palabras, lo que nos obliga a escucharlo una y otra vez.

14 / 100

LOS ROMÁNTICOS: BEETHOVEN Y SCHUBERT

Me pasé muchos años pensando que la música romántica era para enamorados. Después descubrí que no, que se llama Romanticismo para simplificar, pero que en realidad es una época en la que se revaloriza el hecho de mostrar los sentimientos por encima de la técnica, y sentimientos y emociones los hay de muchos tipos: el amor, el odio, la alegría, la serenidad, la nostalgia, la melancolía, la esperanza... Los compositores anteriores ya impregnaban la música de emociones (faltaría más: la música no es otra cosa que la expresión sonora de los sentimientos), pero a partir del siglo XIX este hecho se pone por delante de la utilidad de la música. Hasta aquel momento, la música tenía una función muy práctica: en el caso de la música religiosa era evidente, pero en el caso de la música profana también acostumbraba a ser fruto de un encargo concreto, música para acompañar un acto, para entretener, para sonar mientras se cambiaba el decorado del teatro, etc. La estructura social cambia a gran velocidad y desaparecen los «músicos de la corte». Con la llegada del siglo XIX se extienden los ideales de la Revolución Francesa y la valoración del artista como ser tocado por las musas. Los músicos componen música porque sí, porque lo necesitan, a menudo con estructuras completamente nuevas desvinculadas de las obras clásicas. Y si nadie paga por ellas... ¡pues se mueren de hambre! Y al contrario: cuando un músico tiene éxito, se lo trata como a un ídolo, llena escenarios y cobra lo que quiere.

Beethoven fue uno de los primeros músicos en incorporar los ideales del Romanticismo no solo a su obra, sino también a su vida: fue independiente, trabajaba para quien quería, escribía lo que le salía del corazón y se alejaba de la armonía clásica cuando le parecía. Sus primeras obras se consideran del Clasicismo, pero las últimas ya son plenamente románticas, como la *Sinfonía n.º 9* o las últimas sonatas para piano (compuso 32). A partir de los 30 años empezó a tener problemas de oído hasta que lo perdió del todo. Superó el impacto inicial (pensó incluso en suicidarse) y se dio cuenta de que la música la oía dentro de su cabeza, que no necesitaba el oído, que se podía ser sordo y compositor sin ningún problema, pero dejó de tocar el piano, eso sí. Siguió recibiendo encargos, estrenando en los mejores teatros y cobrando buenos dividendos por los derechos de publicación de sus obras. Cuando murió, la ciudad de Viena se detuvo y miles de personas asistieron a su entierro.

Uno de los que fue al funeral fue Franz Schubert, un joven de 30 años que admiraba a Beethoven pero que no tenía, ni por asomo, el mismo reconocimiento: escribía música desde muy joven, era un apasionado de la poesía (componía canciones sin descanso) y también escribía para gran orquesta, pero nadie le estrenaba sus obras. Bueno, sí estrenaba, pero no en teatros públicos: Schubert tenía muchos amigos que se reunían semanalmente para tocar su música. Estas reuniones, denominadas *schubertíadas*, aún se celebran y la protagonista siempre es la música de cámara del autor y especialmente sus *lieder*, canciones para voz y piano, preciosas, dulces, emotivas, pequeñas maravillas que combinan música y texto de una forma única y excepcional. Schubert murió un año después que Beethoven y solo se fue conociendo y estrenando su música a medida que fue saliendo de los cajones donde había quedado olvidada.

15 / 100

ALEMANES ENAMORADOS: SCHUMANN Y BRAHMS

El Romanticismo musical fue como una ola de aire fresco que recorrió Europa. En los países germánicos la fiebre empezó con la poesía, pero pronto se trasladó hacia la música. En las partituras las pasiones se desataron y llegaron los contrastes, los excesos, la sinceridad convertida en música.

Robert Schumann era un joven estudiante que fue aceptado como discípulo por el pianista Friedrich Wieck. Como era habitual en la época, se instaló en casa del maestro y empezó a trabajar bajo su férrea disciplina. La cosa duró unos años, Robert se estaba convirtiendo en un gran pianista, pero todo se torció por dos motivos. Primero: haciendo ejercicios para reforzar la musculatura de los dedos, se rompió unos tendones y ya nunca más pudo tocar a nivel de virtuoso. Segundo: se enamoró de la hija pequeña de su maestro, Clara Wieck. El primer hecho lo dirigió hacia la composición y el segundo, hacia la desesperación. El Sr. Wieck no quería que su hija se casara con aquel compositor de segunda que no podía asegurarse ni un mínimo de ingresos a sí mismo y, además, Clara ya había empezado una carrera como concertista de piano: si se casaba, seguro que su vida musical se detendría en seco. El Sr. Wieck no había contado con que el amor entre Robert y Clara no solo era correspondido, sino que tenía la fuerza de un huracán. Sin la autorización paterna y sin esperar a que ella tuviera la mayoría de edad (¡cumplía 21 años al día siguiente!) se casaron. ¡Ya podéis imaginar cómo debieron de ser las cartas que se escribían el uno al otro y las músicas que se dedicaban el otro al uno! Amor y pasión por los cuatro costados, belleza, intensidad, romanticismo desbordante.

Años después se presentó en casa de Robert y Clara un joven compositor llamado Johannes Brahms. Lo acogieron, lo ayudaron y entre los tres se estableció una relación de admiración mutua. Tras la repentina muerte de Schumann, Clara (que tenía 36 años) y Brahms (que tenía 23) siguieron manteniendo una relación muy intensa que, a tenor de las cartas que se escribían y de las obras que se dedicaban, seguro que también estuvo dictada por el amor y por alguna de sus múltiples manifestaciones terrenales. Brahms acabó siendo uno de los compositores más respetados de Europa, estrenó 4 sinfonías y numerosas obras de cámara. También es conocida su gran obra sinfónico-coral *Un Réquiem alemán* y su *hit* indiscutible es la *Danza húngara n.º 5*, una obra breve, brillante y rítmica inspirada en las músicas de raíz gitana que había conocido yendo de gira por la Europa central tocando el piano en teatros y tabernas para ganarse la vida.

16 / 100

RUSOS EN DANZA: CHAIKOVSKI Y STRAVINSKY

La música en Rusia había pasado siglos encerrada en sí misma. Llegaban pocas cosas de fuera y, cuando llegaban, no eran muy bienvenidas. La tradición del canto bizantino en la Iglesia ortodoxa hizo un camino paralelo al del canto gregoriano del resto de Europa, pero comparativamente quedó estancado. En el siglo XIX, sin embargo, todo explotó de golpe: la nobleza de la Rusia de los zares incorporó las «modernidades» europeas como elementos de distinción y, en pocos años, se apuntaron a la moda del ballet, adoptaron formas de la música clásica y también sucumbieron a la ópera. Y lo hicieron con tanto empuje y pasión que, a finales del siglo XIX y principios del XX, Rusia ya era un referente en la música clásica internacional y podía presentar una lista interminable de autores indiscutibles como Glinka, Mussorgsky, Chaikovski, Rimsky-Kórsakov, Glazunov, Skriabin, Rajmáninov, Stravinsky, Prokofiev o Shostakóvich. Para los latinos, recitar en voz alta la lista anterior resulta un trabalenguas, pero representa un legado impresionante en la música clásica, con autores indispensables en el mundo de la ópera, del ballet y de la música sinfónica.

En 1825, el zar Alejandro I inauguró el que, a la larga, ha sido el teatro de ballet más importante del mundo: el Bolshoi de Moscú. Para la primera representación confió en una bailarina francesa que ya hacía un tiempo que estaba instalada en Moscú, Felicité Hullin, y en su esposo, el guitarrista y compositor barcelonés Ferran Sor. Presentaron una coreografía sobre *La Cenicienta* y el éxito fue rotundo. Con los años, apareció una corriente musical que reivindicaba el legado de la música rusa auténtica y que proponía dejar a un lado las influencias extranjeras. Estas ideas fueron defendidas por el denominado Grupo de los Cinco, formado por los compositores Borodin, Cui, Balakirev, Mussorgsky y Rimsky-Kórsakov. Entre otras aportaciones a la música clásica de su país, son autores de las mejores óperas rusas de todos los tiempos.

Chaikovski no se apuntó al carro de los Cinco, pero su música suena rusa al cien por cien. Él no quiso comulgar con la estética nacionalista y dejaba que su lenguaje fluyera tal cual le salía, con influencias de Europa o de las montañas del Cáucaso, daba igual. Compuso los tres ballets más famosos de todos los tiempos (*El lago de los cisnes*, *La bella durmiente* y *El Cascanueces*) y pudo dejar el trabajo de profesor en el Conservatorio de Moscú gracias al mecenazgo de una viuda, Nadia von Meck, que le pasaba una buena cantidad de dinero mensual para que se dedicara a componer.

Igor Stravinsky vivió la música intensamente desde pequeño (su padre era cantante de ópera), pero no se dedicó a ella hasta los 20 años. Cuando por fin se decidió, lo hizo con una determinación firme y rompiendo todos los esquemas. En solo cuatro años, entre 1910 y 1913, estrenó las tres obras más impactantes del ballet moderno: *El pájaro de fuego*, *Petrushka* y *La consagración de la primavera*. No paró de componer hasta su muerte, en 1971, pero estas obras iniciales marcaron un antes y un después en la música clásica europea.

17 / 100

FRANCESES DELICADOS: DEBUSSY Y RAVEL

Francia ha sido uno de los países más inquietos con respecto al desarrollo de la música clásica. Ya en la época medieval se considera la catedral de Notre-Dame como uno de los principales centros de la polifonía europea y, en el siglo XIV, Philippe de Vitry y Guillaume de Machaut destacan con sus propuestas atrevidas en el *ars nova*. Hacia el año 1500 fueron los primeros en apuntarse a un tipo de espectáculo nuevo denominado *ballet* (a mediados del siglo XVII ya tenían al rey, Luis XIV, participando como bailarín en las obras que componía Jean-Baptiste Lully) y tampoco les costó mucho incorporar la ópera como cosa propia, eso sí, incluyendo números de danza a diestro y siniestro. Cuando el rey dejó de bailar, se aficionó a la ópera y esta subió como la espuma con un estilo diferenciado del italiano: en Francia se representaban *opéra-ballet*, de carácter noble y exclusivo para la aristocracia, o bien *opéra-comique*, más desenfadadas y con fragmentos hablados.

El Barroco francés es muy rico, con autores de primera como el mencionado Lully, Jean-Philippe Rameau o François Couperin, sin olvidar a Marin Marais, que salió de los libros de historia gracias a la película de Alain Corneau *Tous les matins du monde*, que explicaba la vida del personaje con música interpretada por Jordi Savall. Una de las noticias que tenemos de la música en Francia durante la época del clasicismo nos la da Mozart, que hizo una estancia en París en 1778: «Querido padre: no cuento con los elogios de París. Si este fuera un lugar donde la gente tuviera oído, corazón para sentir, entendiera solo un poco de *Musique* y tuviera gusto… pero estoy entre animales y bestias en lo que a Música se refiere.» Aclaremos que Mozart no pasaba una buena época y su opinión del público francés, como se ha visto, no era muy amistosa.

En la época del Romanticismo, y después del paréntesis de la Revolución y de Napoleón, la música francesa estalla completamente con autores como Berlioz, Gounod, Offenbach, Saint-Saëns, Delibes, Bizet, Chabrier, Massenet, Fauré, Debussy, Satie o Ravel, por citar solo una docena.

Debussy fue un músico muy adelantado a su tiempo y muy inquieto en todo lo referente al arte: pintura, literatura, danza... Creía firmemente que, para expresar cosas nuevas, hacía falta un lenguaje musical nuevo que no estuviera basado ni en la tonalidad, ni en la modalidad, ni en ningún invento fruto de los músicos occidentales. Había que limpiar la música de la complejidad en la que se encontraba, había que buscar la esencia. La investigación de este nuevo lenguaje musical lo tuvo ocupado toda la vida y, aunque se le ha identificado únicamente con el impresionismo, sus necesidades expresivas iban más allá y nunca paró de buscar nuevas formas de hacer hablar la música, bien fuera investigando con el timbre, incorporando sonoridades orientales o flirteando con la música popular. Una obra indispensable para entender cómo cambió el concepto de la música es *Preludio a la siesta de un fauno*, estrenada en 1894.

Ravel componía en blanco y negro, sobre el teclado de un piano, y después daba color orquestando sus obras. Eso no quiere decir que las versiones para piano (las originales) sean grises, sino todo lo contrario: las tonalidades cromáticas que Ravel era capaz de extraer del piano eran infinitas. Su obra más popular, el *Bolero*, es precisamente un ejercicio de orquestación, de dar color a una única melodía que se va repitiendo. Se estrenó en 1928 y, antes del estreno, Ravel publicó una especie de aviso en un diario en el que decía que había escrito una obra de un cuarto de hora «sin música», solo como experiencia de juego orquestal en un larguísimo *crescendo* a base de ir añadiendo instrumentos.

18 / 100

INGLESES A LA ANTIGUA: ELGAR Y BRITTEN

En el siglo XVII Inglaterra se rindió a la música de Henry Purcell, el compositor británico más destacado de todos los tiempos. Pero, después de él, la cosa se complicó. En el siglo XVIII la música que triunfó en la mayor isla de Europa fue la de Händel y la de Haydn, los dos alemanes de nacimiento, pero considerados por los británicos como hijos adoptivos (especialmente Händel) y autores de grandes oratorios en inglés. En el siglo XIX, aunque Londres fue un centro musical muy importante que recibió la visita de los mejores compositores e intérpretes del continente, no hubo ningún autor lo bastante destacado como para ser considerado auténtico representante de la «música inglesa».

Pero en el siglo XX las cosas cambiaron: en la primera mitad del siglo encontramos, de golpe, un repóker de autores que se repartieron el honor de ser los auténticos representantes de la música inglesa y que disfrutaron de una aclamación popular comparable a la que Purcell vivió 300 años antes: se trata de Edward Elgar, Vaughan Williams, Gustav Holst, William Walton y Benjamin Britten. Una particularidad de todos ellos es que dedicaron grandes esfuerzos a recuperar y poner en valor la música de los compositores renacentistas ingleses haciendo ediciones y arreglos de madrigales y obras antiguas para laúd.

Es curioso (y edificante) ver como, en la lista de los «40 principales» de la música clásica que publica cada año la emisora británica ClassicFM, aparecen en las posiciones más altas obras de los cinco autores mencionados. En verano de 2017, los cinco primeros lugares de la lista los ocupaban dos obras de Vaughan Williams (puestos 1 y 3), una de Rajmáninov (2), una de Elgar (4) y una de Beethoven (5).

Elgar consiguió el reconocimiento general del mundo musical inglés después de cumplir 40 años, coincidiendo con el estreno de sus dos obras más emblemáticas: las *Variaciones enigma* (1899) y el oratorio *El sueño de Geroncio* (1900). Poco después fue distinguido con el título de Sir y recibió el doctorado honoris causa por varias universidades. Su popularidad fue espectacular: el público necesitaba un auténtico «compositor inglés» y Elgar respondió con creces. No solo firmó músicas «patrióticas» como las famosas marchas de *Pompa y circunstancia*, sino que algunas de sus obras (como los oratorios *The Apostles* y *The Kingdom* o los conciertos para violín y para violonchelo) tuvieron el apoyo incondicional del público. Su *Sinfonía n.º 1* se interpretó más de cien veces el año de su estreno y Hans Richter, el famoso director a quien está dedicada, dijo: «Estamos ante la mayor sinfonía de los tiempos modernos escrita por el más importante de los compositores modernos... ¡y no solo de este país!» Después de la muerte de su esposa Alice (1920), prácticamente dejó de componer, convencido de que los tiempos habían cambiado y de que su música romántica ya no pegaba con la modernidad del siglo XX. Murió en Worcester a los 76 años.

Pocos meses antes de su muerte, un joven de 20 años componía la que, a la larga, sería una de sus obras más famosas: la *Sinfonía simple*. Se trataba de Benjamin Britten, el compositor del siglo XX más interpretado en el campo de la lírica: compuso más de una docena de óperas y algunas de ellas se interpretan habitualmente por todo el mundo. También es autor de muchas obras dedicadas a los niños y niñas, sea pensando en ellos como intérpretes o como público, como es el caso de la famosa *Guía de orquesta para jóvenes op. 34*, en la que, a partir de un tema de Henry Purcell, presenta los diferentes instrumentos y secciones de la orquesta sinfónica.

19 / 100

EL ITALIANO SE CANTA: VERDI Y PUCCINI

El poder papal del Vaticano ha sido determinante para que, en los últimos 500 años, haya habido grandes músicos en Roma. Pero Italia es musical por los cuatro costados: algunas de sus ciudades, como Milán, Venecia o Bolonia, tienen una historia musical comparable a la de la capital. El gran momento de esplendor lo vivieron durante el Barroco, con el nacimiento de la ópera y la actividad de autores como Lully (que triunfó en París), Corelli, Torelli, Caldara (autor de la primera ópera que se representó en Barcelona), Albinoni, los hermanos Marcello, Vivaldi, Scarlatti, Tartini, el cantante castrado Farinelli, Pergolesi y otros, ya en la época del Clasicismo, que triunfaron fuera de Italia como Boccherini, establecido en Madrid, o Salieri, establecido en Viena.

El género musical que Italia supo internacionalizar mejor fue la ópera, hasta el punto de que por toda Europa se escribían óperas al estilo italiano y en lengua italiana: Händel (alemán) y Mozart (austriaco), por ejemplo, escribieron óperas maravillosas en italiano. Y precisamente de la mano de la ópera volvió la centralidad italiana en la música clásica en el siglo XIX, primero con las obras de Rossini, Donizetti y Bellini, y más adelante con las de Verdi y Puccini. La popularidad de las obras de estos autores rompió todos los récords anteriores y la presencia de sus obras en las programaciones de los teatros de ópera de todo el mundo es absolutamente vigente en pleno siglo XXI.

Giuseppe Verdi es el compositor operístico más interpretado de todos los tiempos con títulos como *Nabucco*, *Aida*, *Rigoletto*, *Otello* o *La traviata* (considerada la ópera más interpretada del mundo). En la época en que Verdi empezaba a ser conocido y el éxito de sus óperas se extendía por toda Europa, buena parte del territorio que ahora conforma Italia estaba ocupado por los austriacos (en el norte) y por la corona española en el sur. De hecho, Italia como tal no existía. El pueblo italiano reclamaba su independencia y unificación, y la figura en la que los italianos monárquicos tenían depositadas sus esperanzas era el exiliado rey Vittorio Emanuele Secondo. El caso es que por toda Italia se empezaron a repartir octavillas e incluso aparecieron pintadas en las paredes de pueblos y ciudades con la frase "Viva VERDI". Los ocupantes austriacos se sorprendían de este fervor operístico de los italianos, pero lo que no sabían era que la palabra VERDI era un acrónimo (las iniciales) de la frase «Vittorio Emanuele, Re D'Italia», es decir «Víctor Manuel, Rey de Italia». La popularidad de Verdi (el compositor) iba creciendo pero, gracias a esta utilización de su nombre con finalidades independentistas y su identificación con el *Risorgimento*, su fama aún subió más. Tanto es así que, al constituirse el primer Parlamento Italiano (1861), Verdi fue escogido diputado y en 1874 el rey lo nombró senador vitalicio.

Giacomo Puccini es el sucesor natural de Verdi, con doce obras inmortales, como *Madama Butterfly*, *La Bohème*, *Turandot* o *Tosca*, siempre protagonizadas por mujeres íntegras, fuertes, entregadas al amor puro y con una capacidad melodramática infinita. Fue un músico todoterreno y un gran amante de los coches: ya en 1901 había comprado un De Dion Bouton y después un Clemente Bayard, un Sizaire et Naudin, un Issota Fraschini y varios Fiat, y hacia 1920 le pidió al constructor Vicenzo Lancia que le hiciera un coche apto para ir de caza: Puccini condujo el primer 4×4 de la historia. Lo dicho: un todoterreno. Seguro que los caminos de la Toscana lo veían pasar sobre su coche cantando a los cuatro vientos: «All'alba vincerò, vincerò, vinceeeeeee-rò!!»

20 / 100

ESPAÑOLES CON PANDERETA: GRANADOS Y FALLA

España nunca ha sido muy dada a la música clásica, pero también ha hecho sus aportaciones más o menos relevantes. El monasterio de Montserrat fue un centro relevante en lo que se refiere a la música eclesiástica (aún lo es hoy) y de allí salieron compositores relevantes como Joan Cererols (del siglo XVII) o Anselm Viola (del XVIII), sin olvidar su escolanía, el coro de voces infantiles que ya está documentado desde el siglo XIV. La joya del monasterio, *El Llibre Vermell* (*Libro Rojo*) *de Montserrat*, es un códice del año 1399 con canciones y danzas de la época. El otro centro musical relevante fue el Palacio Real de Madrid, donde siempre ha estado instalada una u otra familia de sangre azul en torno a la cual se han desarrollado más o menos actividades musicales como conciertos o representaciones operísticas con compañías italianas traídas expresamente. La versión local del teatro musical fue la popular zarzuela (llamada así porque se empezaron a representar en el Palacio de la Zarzuela), un género más distendido y desenfadado que la *opera seria* y que estuvo vigente desde el siglo XVII hasta muy entrado el XX, con autores como Emilio Arrieta, Federico Chueca, Ruperto Chapí, Amadeu Vives o José Serrano.

Los dos compositores españoles más relevantes del Clasicismo fueron Vicent Martí i Soler (valenciano) y Ferran Sor (barcelonés). Los dos fueron a recorrer Europa, donde triunfaron con sus obras escénicas (el primero con óperas y el segundo con ballets), y murieron lejos de casa, el primero en San Petersburgo y el segundo en París.

Pero el gran estallido de la música española llegó a finales del siglo XIX, con la corriente nacionalista que se extendía por toda

Europa y que ponía en valor la música tradicional y propia de cada país. En España muchos compositores empiezan a mostrar interés por el estudio de la música local y de los ritmos populares, animados por un profesor de música catalán llamado Felip Pedrell, auténtico padre de la musicología moderna, wagneriano a ultranza y maestro de los mayores compositores españoles de todos los tiempos: Isaac Albéniz, Enric Granados, Manuel de Falla y Robert Gerhard.

Enric Granados fue un pianista leridano que dejó huella con sus obras y también con su magisterio (fundó una academia musical que aún hoy sigue activa). Escribió música de escena, sinfónica, canciones y muchas obras para piano. Murió ahogado en el canal de la Mancha cuando el barco en el que viajaba fue torpedeado por un submarino alemán (1916) cuando regresaba del estreno de su ópera *Goyescas* en Nueva York.

Manuel de Falla se inspiró en la música popular andaluza, la vistió con las técnicas y los colores de la música clásica y la subió a los escenarios de todo el mundo. Son especialmente famosos sus ballets *El amor brujo* y *El sombrero de tres picos*, repletos de ritmo y de color. Cuando el régimen de Franco lo quiso utilizar como «compositor oficial», se exilió a Argentina, donde murió en el año 1946.

21 / 100

AMERICANOS DEL NORTE: GERSWIN Y BERNSTEIN

Cuando los europeos «descubrimos» América, también fuimos llevando hacia allí nuestra música. Los virreyes de turno organizaban en las Américas sus pequeñas cortes donde no podía faltar la música clásica ni las danzas de salón. Procuraban, eso sí, que la música europea no se mezclara mucho con la música americana autóctona. Había que mantener las formas: la elegancia y la ostentación tenían que sonar como en Europa.

El caso es que, ya a finales del siglo XIX, los músicos de aquel continente querían que nuestra música clásica (la que conllevaba prestigio social) los impregnara, y por eso invitaban a músicos de gran renombre como Dvorák o Chaikovski. Mientras tanto, nosotros, los europeos, situados en la arrogancia de quien se sabe propietario de la tradición, cerrados en nosotros mismos, no dejábamos que la música americana nos llegara, más allá de algunos ritmos populares que, en forma de canciones marineras, iban formando ritmos de ida y vuelta, como la habanera.

Pero llegó el siglo XX y empezamos a abrirnos un poco, supimos que allí también se hacía música: primero fue el *ragtime* de Scott Joplin; después, los ritmos del jazz, y, a partir de los años cincuenta, la puerta se abrió de par en par, y así estamos: americanizados del norte, del sur y del centro en todos los géneros de la música popular: rock, pop, reggae, salsa, hip-hop, reguetón…

Pero, ¿y la música clásica? Hasta el siglo XX, los compositores americanos seguían buscando la tradición europea, y a algunos del norte no les salió mal: George Gershwin, Aaron Copland y Leonard Bernstein consiguieron fusionar de una forma natural «nuestra» música clásica con «sus» ritmos y giros melódicos. Estos sí que consiguieron que su música sonara a nuestros escenarios.

La música de George Gershwin llevaba la etiqueta de «jazz sinfónico» y no la noble condición de «música sinfónica» como quería su autor. Este prejuicio preocupó a Gershwin toda su vida y por eso quiso recibir clases de Ravel, de Stravinsky, de Schönberg, de Ibert, de Poulenc, de Prokofiev, de Milhaud... pero todos le decían lo mismo: «Usted es un genio. Siga su camino.» Gershwin escribió cerca de 500 canciones (la mayoría con letra de su hermano Ira), una veintena de musicales de gran éxito, la magnífica ópera *Porgy and Bess* y varias obras sinfónicas, como la *Rhapsody in blue*, el *Concierto en fa* o *Un americano en París*.

Cuando Gershwin murió (1937), Bernstein tenía 18 años, ya daba recitales de piano y estudiaba en la Universidad Harvard. A los 25 años tuvo la ocasión de suplir en un concierto a Bruno Walter en el podio de la Filarmónica de Nueva York, y al día siguiente ya lo conocía todo el país. Su carrera como director, pianista y compositor fue fulgurante y pronto se convirtió en el compositor norteamericano más interpretado de todos los tiempos, con obras escénicas como *West Side story* o *On the town* y decenas de obras sinfónicas. Bernstein anunció que dejaba la dirección de orquesta el 9 de octubre de 1990, a los 72 años. Cinco días después, murió. Está enterrado, tal como él pidió, con un ejemplar de la partitura de la *Sinfonía n.º 5* de Mahler sobre su corazón.

22 / 100

AMERICANOS DEL SUR:
GINASTERA Y PIAZZOLLA

El capítulo anterior también nos sirve para trazar un mapa de la situación de la música clásica en Sudamérica. Los ostentosos virreyes habían llevado al nuevo continente producciones enteras de ópera, hasta que los compositores de allí se atrevieron a escribir óperas autóctonas: entre las primeras hay una de Tomás de Torrejón (nacido en Albacete, pero a los 23 años ya se embarcó hacia Perú) con texto de Calderón de la Barca, estrenada en Lima en 1701, y una del mexicano Manuel de Sumaya, estrenada en 1711.

Pero no hay que engañarse: los compositores de América del Sur (y de Centroamérica) que se han consolidado en el mundo de la clásica son cuatro mal contados, como el brasileño Heitor Villa-Lobos, el mexicano Silvestre Revueltas o los argentinos Alberto Ginastera y Astor Piazzolla. Los europeos siempre hemos sido muy cerrados en eso de la clásica y no hemos empezado a abrir las puertas y los oídos a la música que venía de América hasta la segunda mitad del siglo XX. Y si la hemos dejado entrar ha sido, precisamente, porque el color y el ritmo que traía era diferente al de nuestra música clásica y estaba impregnado del folclore de aquellas latitudes.

Alberto Ginastera es, junto con su alumno Astor Piazzolla, el compositor argentino más destacado del siglo XX. Su catálogo incluye óperas, ballets, conciertos, obras de cámara y obras para piano, todas ellas muy influidas por la música tradicional iberoamericana. Buscaba la expresividad y los contrastes y no es extraño encontrar en sus partituras indicaciones como *furiosamente*, *violente* o *salvaggio*, como en sus famosas *Danzas argentinas* para piano. Con una de sus óperas se inauguró la New York City Opera del Lincoln Center, con un jovencísimo Plácido Domingo. Ginastera era tan perfeccionista que dejó su catálogo oficial con solo 55 obras. Las otras las desestimó.

Astor Piazzolla destacó como intérprete de bandoneón (el acordeón típicamente argentino que hay en todos los grupos de tango) y durante mucho tiempo se ganó la vida tocando en diferentes orquestinas de tangos. Hacia los 30 años se fue a estudiar a París, cargado de partituras que había escrito bajo el magisterio de Alberto Ginastera. Al oír sus obras, Nadia Boulanger, su profesora en París, le dijo que todo aquello le sonaba como si fuera Stravinsky, Bartók o Ravel. Entonces, Piazzolla interpretó uno de los últimos tangos que había escrito y la profesora le gritó: «¡Ahora sí, pedazo de asno, eso sí que es Piazzolla!» Según él mismo, fue Boulanger quien le enseñó a creer en su propia música. Algunas de sus obras imprescindibles son *Las cuatro estaciones porteñas*, *Adiós Nonino* o *Libertango*. Ni que decir tiene que los defensores del tango tradicional, los de la «guardia vieja», lo criticaron y lo llegaron a llamar «el asesino del tango».

DE VIRTUOSOS Y DIRECTORES

23 / 100

PAGANINI Y EL PACTO CON EL DIABLO

El siglo XIX fue el siglo de los virtuosos, de los intérpretes musicales capaces de hacer el «más difícil todavía». La cosa ya había empezado unos años antes, con la moda de los conciertos italianos de la época de Vivaldi: se trataba de obras difíciles, en las que destacaba un instrumento solista y poder lucir así las habilidades del intérprete, tanto en los pasajes enrevesados y complicadísimos como en los momentos líricos en los que el solista podía hablar con el instrumento y extraer las sonoridades más emotivas. Paralelamente al trabajo de los compositores y de los intérpretes que hacían evolucionar el lenguaje musical y la técnica instrumental, hay que tener presente el papel de los lutieres, los constructores de instrumentos, que también tuvieron que poner de su parte para responder a las exigencias de los músicos que les pedían mejoras en los instrumentos con el fin de poder lidiar con los retos cada vez más difíciles de la época del virtuosismo.

Entre los virtuosos de la época destaca Niccolo Paganini, un violinista tan extraordinario que el público solo encontraba una explicación a aquella técnica única y espectacular: aquel hombre tenía que tener un pacto con el diablo. Por el mismo precio, podía haber sido un pacto con los dioses, pero no: varios factores hicieron que el público asociara el virtuosismo ilimitado de Paganini con un pacto tenebroso. No solo podía tocar más notas que nadie, sino que, además, las tocaba siempre de memoria. Los arpegios que era capaz de hacer, las posiciones de los dedos, los acordes con dobles y triples cuerdas y otros aspectos técnicos imposibles de ejecutar por nadie más en aquella época le dieron todos los números para ser considerado un enviado de Lucifer. La leyenda del pacto con el diablo se extendió tanto que, cuando Paganini murió (1840), pasaron 36 años antes de que su cuerpo pudiera ser enterrado en un cementerio cristiano, ya que la Iglesia no daba su autorización.

Según algunos médicos, Paganini sufría el síndrome de Marfan, una patología que afecta al crecimiento de los huesos (que se hacen desproporcionadamente largos) y a la elasticidad de las articulaciones (que se vuelven como de goma). El problema es que los que sufren este síndrome también tienen serios problemas oculares y vasculares, de manera que pocos superan los 45 años de edad. Paganini (que murió a los 58 años) empezó a perder mucha capacidad visual a partir de los 40 años, una disfunción que no pudo corregir ni con gafas, y por eso tenía que estudiar las obras de memoria.

Otra opinión médica sobre el caso Paganini es la que asegura que sufría el síndrome de Ehlers-Danlos. Este se caracteriza por la hiperelasticidad de la piel y la laxitud exagerada de las articulaciones. Normalmente esta patología tiene unos efectos como la desviación moderada de la columna vertebral (Paganini tenía un hombro más bajo que el otro) y, como diagnóstico, se ajustaría más a la información que se tiene de los diferentes problemas médicos que Paganini sufrió. En cualquier caso, ninguno de los diagnósticos forenses modernos apunta hacia la posibilidad del síndrome pactista con seres diabólicos.

24 / 100

LISZT Y EL PACTO CON DIOS

Si el gran virtuoso del violín del siglo XIX fue Paganini, el del piano fue el húngaro Franz Liszt. Le gustaba dar conciertos ante centenares de espectadores (si podían ser miles, mejor), se sentía pletórico cuando recibía los aplausos enloquecidos de las masas, no se escondía de los admiradores (ni de las admiradoras) y se hacía tratar y valorar como el mejor músico de Europa. Se le considera un pionero de los recitales de piano, ya que fue de los primeros en subir a un escenario solo, sin el acompañamiento de ninguna orquesta, para ofrecer una o dos horas de música él a solas ante el piano: toda una novedad en aquella época.

Liszt era vital, extrovertido, emprendedor; su carrera como concertista lo llevó por toda Europa y la compaginó con las facetas de director de orquesta y de compositor. Fue reconocido en las tres especialidades y para muchos fue tan innovador en el lenguaje musical que incluso se adelantó a Wagner y a los impresionistas. Aparte de estos tres reconocimientos artísticos, también fue notable su fama de mujeriego, eso sí, solamente con mujeres de la alta sociedad.

Pensó en casarse tres veces, pero siempre se quedó a medias: la primera vez con la condesa Marie d'Agoult, la segunda con la princesa Caroline de Saint-Wittgenstein y la tercera con Dios nuestro señor. Con la condesa (recién separada de su marido) tuvo una relación que duró más de diez años y tuvieron tres hijos. Con la princesa (que aún estaba formalmente casada) llegaron a pedir permiso de matrimonio al Papa, pero la cosa tampoco funcionó. Finalmente, ya con 53 años, recibió las órdenes eclesiásticas menores y, aunque vistió sotana hasta el final de sus días, nunca fue ordenado sacerdote, así que el matrimonio con Dios también quedó a medias.

La religiosidad de Liszt está fuera de toda duda, pero se permitió un largo paréntesis entre los 20 y los 50 años, periodo en el que se entregó plenamente a la vida trepidante del virtuoso, al éxito artístico, económico y social y al deslumbrante mundo de la fama. Para no dejar abandonado del todo el tema de la fe, tuvo como guía espiritual al abad Felicité de Lamennais, famoso por sus prédicas sobre el liberalismo católico, la búsqueda del paraíso en la Tierra y la libertad de culto, ideas que le valieron a la larga la prohibición de seguir predicando por parte de la Iglesia y, finalmente, el encierro en prisión.

Cuando Liszt ya era el músico más famoso (y más rico) de Europa, encontró una compañera (la princesa polaca Caroline) que le ayudó a poner un poco de freno a su vida disoluta: dejó de hacer giras y se estableció con ella en Weimar. Los dos profundizaron en su religiosidad, pero el fracaso en el intento de contraer matrimonio (la autorización papal tardó años y, cuando finalmente llegó, fue anulada por el zar de Rusia) los acabó de separar. Liszt cada vez hacía más estancias en Roma, en el convento de Santa Francesca Romana, dedicaba grandes sumas de dinero a obras de caridad y a obras sociales, se hizo amigo del papa Pío IX y, finalmente, recibió, como decíamos, las órdenes menores, hecho que le valió que durante los últimos años de su vida se le conociera como *abbé Liszt*. Durante los últimos años se dedicó, principalmente, a la docencia. El pacto con Dios funcionó: una vida terrenal intensa llena de fama, lujo y pasión y los últimos años, agradecimiento sincero, devoción cristiana y dedicación a los demás. Un genio.

25 / 100

MÚSICA EN FEMENINO:
¿CLARA SCHUMANN O CLARA WIECK?

La presencia de las mujeres en la música clásica es cosa de siempre, pero que sea visible es cosa reciente. Como casi en todos los aspectos de la vida, también en la música, la mujer ha sido androcéntricamente escondida, silenciada, menospreciada y olvidada. Así que, cuando alguien pregunta: «¿Es que no hay mujeres compositoras o intérpretes?», le tenemos que decir: «Sí, claro está que las hay, pero en los libros de historia cuesta encontrarlas porque los hemos escrito los hombres y porque durante miles de años nuestra sociedad ha tenido a las mujeres dedicadas a otros quehaceres.» En la música, como en el resto de artes, a menudo se ha esgrimido la idea según la cual las mujeres no pueden ser buenas en esta disciplina. Para sustentar esta afirmación, se han aireado al viento frases de la Biblia, de santos varones y de pensadores de diver so tipo hasta el punto de que, como pasó con el teatro, se redactaron leyes sacras y profanas que prohibían que las mujeres pudieran lucir en un escenario su arte. Así, por tradición y por bemoles, si alguna mujer tocaba el violín o cantaba, tenía que hacerlo en círculos privados. Pero por fin hemos llegado al siglo XXI y las cosas empiezan a cambiar.

En efecto, últimamente las cosas están cambiando, pero muy lentamente: directoras de orquesta sigue habiendo muy pocas y la primera compositora en recibir un premio Oscar por la banda sonora de una película fue la inglesa Rachel Portmann en 1996 por *Emma*; la segunda, Anne Dudley en 1998 por *Full Monty* (un premio muy criticado porque la mayor parte de la música eran temas conocidos de música pop), y desde entonces estamos esperando la tercera.

En cualquier caso, las mujeres presentes en los libros patriarcales de historia de la música no son muchas. La más antigua es la abadesa

Hildegard von Bingen, monja del siglo XII (escritora, mística, filósofa, naturalista, médica, lingüista y compositora) de quien se conservan muchas partituras: se considera la primera persona con nombre y apellido de quien se conocen composiciones escritas. Fue nombrada santa en el año 2012, después de un proceso de canonización de 800 años. Ya se ve que ser mujer y compositora hace que las cosas se eternicen. Más mujeres dedicadas a la música las encontramos en la época del Barroco, especialmente como cantantes (Barbara Strozzi), violinistas (las hermanas Aleotti) o clavicembalistas (Elisabeth de la Guerre), aunque algunas compositoras también nos han llegado: Maddalena Casulana (la primera en imprimir, a finales del siglo XVI, sus partituras) o Francesca Caccini (la primera compositora de óperas, al inicio del XVII).

En el año 1686, el papa Inocencio IX publicaba un edicto en el que aseguraba: «La música es nociva para la modestia que corresponde al sexo femenino, porque las distrae de los empleos que les corresponden. Ninguna mujer, bajo ningún pretexto, tiene que aprender música ni tocar ningún instrumento.» Clemente XI, 17 años después, lo validó de nuevo. ¡Y conste que estos nombres tan conciliadores (Inocencio y Clemente) los escogieron ellos!

En el Clasicismo y el Romanticismo ya encontramos más nombres femeninos, pero siempre supeditados al patriarcado omnipresente: Nannerl Mozart (la hermana mayor de Wolfgang Amadeus), Maria Teresa von Paradis (la pianista ciega), Alma Schindler (casada primero con el compositor Gustav Mahler y, después de la muerte de él, rodeada de artistas que valoraron con más o menos pasión su capacidad musical), Fanny Mendelssohn (la hermana mayor de Felix Mendelssohn), Jeanine Baganier (primera mujer en recibir el premio de piano del Conservatorio de París y obligada a publicar sus obras bajo el nombre de su marido) o Clara Wieck, virtuosa del piano (la más importante del siglo XIX), casada con Robert Schumann, quedó viuda a los 36 años (con 8 hijos) pero nunca se quiso volver a casar (y eso que tuvo un fervoroso pretendiente: Johannes Brahms). Clara manifestó siempre su voluntad de conservar el apellido del marido y de mantenerlo así en la memoria, pero también manifestó que se sintió mucho menos presionada para componer y tocar una vez liberada de la sumisión social que suponía ser «la esposa de Schumann». Es decir: siguió presentándose como Clara Schumann, pero pudo vivir como Clara Wieck.

26 / 100

KARAJAN: THE BOSS

Eso del director de orquesta que da la espalda al público armado con una batuta es un invento moderno. Bach, Mozart o Beethoven se sentaban como un músico más en sus respectivas orquestas, tocando el clavicémbalo o el violín, y asumían el liderazgo porque las obras que interpretaban estaban escritas por ellos mismos. La cuestión se empezó a complicar a partir del siglo XIX: las obras sinfónicas eran cada vez más complejas y no siempre estaba el compositor a mano para hacerse cargo de la interpretación. Cuando se extendió la práctica de que fuera el primer violín quien asumiera la dirección, en ciertos momentos dejaba de tocar y daba indicaciones a la orquesta con el arco, convirtiéndose así en el precedente directo de la batuta.

Dicen que Carl Maria von Weber, en el año 1817, fue el primero en utilizar un bastoncillo para marcar el ritmo en una orquesta, práctica que fue muy criticada, pero también imitada: en 1835 ya consta que Mendelssohn dirigía también con batuta. Berlioz, en su libro sobre dirección orquestal de 1848, defiende encarnizadamente su utilización. Pero eso de ponerse de cara a la orquesta, exactamente en medio del escenario y sobre una tarima, dando la espalda completamente al público, parece que es cosa de las óperas de Wagner. Los primeros comentarios escritos que se han encontrado sobre esta práctica son del primer Festival de Bayreuth, en 1876.

Con este hábito consolidado, a finales del siglo XIX irrumpe en el mundo de la música la figura del director de orquesta, una especialidad que unos años antes era inexistente. El músico era compositor o intérprete, o las dos cosas al mismo tiempo. Sin embargo: ¿director? Las grandes orquestas europeas empiezan a confiar la tarima a músicos carismáticos como Hans von Bulow, Hans Richter, Gustav Mahler, Felix Weingartner, Arturo Toscanini, Willen Mengelberg, Bruno Walter, Otto Klemperer o Wilhelm Furtwängler. Estos músicos demostraron que con un trabajo continuado al frente de una orquesta (la Filamónica de Berlín, la del Concertgebouw de Ámsterdam o la Filarmónica de Viena, por poner tres ejemplos relevantes) se podía conseguir un sonido propio, una identidad sonora diferenciada y, lo que es más importante, un nivel altísimo en la interpretación.

El siglo XX ya nació en pleno estallido de la devoción por los directores de orquesta y los grandes nombres se han ido sucediendo. Aquí van solo una docena: Herbert von Karajan, Sergiu Celibidache, Georg Solti, Leonard Bernstein, Lorin Maazel, Carlos Kleiber, Claudio Abbado, Zubin Mehta, Riccardo Muti, Daniel Barenboim, Valery Gergiev y Simon Rattle. Si queremos añadir alguna directora, pongamos la australiana Simone Young o la norteamericana Marin Alsop, pero el reciente tema de las directoras lo trataremos en el capítulo 65.

El primero de la lista, Karajan, fue el que rompió las reglas del juego: cuando en el año 1954 la Filarmónica de Berlín le propuso asumir la dirección, dijo: «De acuerdo, pero solo si el contrato es vitalicio.» Creía firmemente en el trabajo continuado, en conocer profundamente el sonido de cada uno de sus músicos y en hacer las propuestas musicales más adecuadas a cada momento, trabajando a fondo todos los detalles. Efectivamente, ocupó el podio durante 35 años, hasta su muerte en 1989. Su forma de trabajar con la orquesta fue imitada por todo el mundo porque los resultados fueron espectaculares. Pero donde marcó la diferencia fue en el mundo discográfico: siempre creyó en el poder de las grabaciones, estaba a la última de los avances tecnológicos (la primera prueba de grabación en CD la dirigió él), firmó contratos que le hicieron millonario, imponía su criterio a diestro y siniestro (hacía ganar millones a las compañías y nadie le discutía nada) y se vendieron más de 100 millones de discos dirigidos por él. Para Karajan, una orquesta «es un vuelo de pájaros salvajes, la armonía impronunciable, más de cien personas fundidas en una sola, en la gracia del instante. Una orquesta es como un barco: colocadlo en la posición adecuada y él hará el resto».

27 / 100

RAJMÁNINOV *DEDOS INFINITOS*

Pocos días antes de cumplir 24 años, el pianista y compositor ruso Serguéi Rajmáninov cayó en una profunda depresión. La mitad de la culpa la tuvo el director de orquesta Alexander Glazunov, que dirigió tan mal como supo el estreno de la *Sinfonía n.º 1* de aquel joven compositor el 15 de marzo de 1897 en San Petersburgo. La otra mitad de culpa la tuvo el crítico César Cui con el feroz artículo que publicó: «Temas pobres, armonía enfermiza y perversa, oscuridad general... Con esta sinfonía el autor solo puede satisfacer a los habitantes del infierno.» Resultado: Rajmáninov no escribió ni una nota hasta tres años después. El psicólogo que lo atendió en este tiempo, el Dr. Nikolai Dahl (pionero en el uso de la hipnosis), fue quien lo convenció para que volviera a componer. El primer fruto de esta nueva etapa fue el *Concierto para piano n.º 2*, que el autor dedicó, en 1900, a su médico.

En esa ocasión, Rajmáninov se aseguró el éxito del estreno, como mínimo con respecto a los intérpretes: él mismo al piano y el prestigioso Alexander Zolti como director. La selección de este director no fue hecha solo por su prestigio, sino porque el propio Zolti había sido el destinatario de la dedicatoria del *Concierto para piano n.º 1* que Rajmáninov había escrito 10 años antes. Además, Zolti había sido su profesor de piano en el Conservatorio de Moscú y, para acabar de redondear el asunto, era su tío. El estreno se celebró en la Sociedad Filarmónica de Moscú el 27 de octubre de 1901 (después de ensayos y más ensayos) y el éxito fue indiscutible. Aún hoy es una de las obras más aplaudidas por el público. Después de aquel éxito, Rajmáninov empezó una carrera fulgurante que lo llevó a los mejores escenarios del mundo como intérprete, como director y como compositor.

El agradecimiento que tuvo el compositor con el Dr. Dahl no se limitó a la dedicatoria de aquel concierto: el doctor era violonchelista aficionado y, mira por dónde qué coincidencia, la siguiente obra que estrenó Rajmáninov fue la *Sonata para violonchelo y piano op. 19*.

A menudo se ha dicho que las obras para piano de Rajmáninov son de las más difíciles que se han escrito y, seguramente, eso es cierto. Hay que tener presente que, aparte del virtuosismo que se exige al intérprete para afrontarlas, hay quien defiende que, para tocar Rajmáninov, hay que tener una condición física especial. Parece ser que Rajmáninov estuvo afectado por el síndrome de Marfan, una patología poco común que afecta al sistema esquelético y que se manifiesta con unas extremidades exageradamente largas, especialmente los dedos, y por una elasticidad fuera de lo común en las articulaciones (¿se trataba quizá de la misma afección de Paganini?). Estas características físicas especiales habrían permitido al autor interpretar pasajes casi imposibles para el resto de pianistas «normales». A pesar de eso, y sin poner en duda si Rajmáninov padeció o no esta enfermedad, hay que decir que muchos y muchas intérpretes han demostrado que para superar las múltiples dificultades de sus obras no hay que tener manos gigantescas (¡aunque siempre son de una gran ayuda!).

28 / 100

DIVAS Y DIVOS

La imagen icónica de las fans histéricas durante los conciertos de los Beatles también se ha producido en la música clásica desde el siglo XVII, salvando ciertas distancias, pero coincidiendo plenamente en aquello que provoca el fenómeno: la idolatría que practica el público hacia sus artistas preferidos. Convertir en dioses a los seres humanos admirados es una práctica muy antigua (en los juegos olímpicos de Grecia eran muy comunes los «clubs de fans» de los atletas triunfadores) y en el mundo de la música el público se ha rendido a menudo a los pies de los intérpretes de moda.

Un factor que ayuda a los intérpretes a convertirse en divos o divas (dioses y diosas) es que haya competencia, es decir, que los fans de uno puedan ser detractores de otro intérprete. En el mundo de la lírica es donde más se da este fenómeno: al público le gusta polarizarse y seguir incondicionalmente a un artista, a la vez que critica apasionadamente a otro. Si Maria Callas era tu soprano preferida, afianzabas tu incondicionalidad si te mostrabas beligerante con su rival del momento, Renata Tebaldi.

Cuando por fin las mujeres pudieron subir a los escenarios a cantar ópera de una forma normalizada (recordemos que las restricciones eclesiásticas se lo prohibieron hasta entrado el siglo XVII), empezaron a disfrutar de la atención del público y algunas de ellas se convirtieron en auténticos fenómenos de masas. La primera fue Francesca Cuzzoni, una soprano que aprovechó la «novedad» de que una mujer cantara los papeles femeninos en las óperas (hasta el momento eran interpretados por cantantes masculinos). Después de triunfar en Italia, la Cuzzoni se instaló en Londres invitada por Händel, donde desplegó el *savoir faire* de una auténtica diva, tenía caprichos constantes y desde el primer día ya mostró su personalidad: para presentarla al público londinense, Händel había escrito un aria de virtuosismo, pero ella dijo que no la cantaría. El compositor se subía por las paredes y, al final, la increpó: «¡*Madame*, ya sé que sois realmente el diablo, pero os demostraré que yo soy Belzebú, el jefe de todos los diablos!» Y la invitó a cantar el aria o a marcharse del teatro... ¡por la ventana! La Cuzzoni cantó y su estancia en la capital londinense (entre 1722 y 1728) estuvo llena de éxitos (el público la adoraba) y de episodios míticos, como la vez que se peleó en el escenario con su rival, la soprano Faustina Bordoni, a golpes de abanico y arrancamiento de pelucas incluido. A partir de aquel momento las divas se fueron sucediendo (como María Malibrán o Giuditta Pasta a mediados del siglo XIX) y aún hoy es un fenómeno plenamente vigente.

Las sopranos recogieron las costumbres de los fans de la época que se habían ido consolidando con la veneración de los *castrati*, cantantes emasculados que interpretaban los papeles de mujer en las óperas gracias a su voz aguda. Estos fueron divinizados por el público, especialmente Carlo Broschi (1705-1782), conocido como Farinelli, que levantaba pasiones allí donde iba: el público hacía colas interminables para verlo actuar o, simplemente, para verlo salir del carruaje. La película *Farinelli, il castrato* (1994) explica dicha historia. Otros divos castrados fueron Senesino y Caffariello.

Y, con respecto a las voces masculinas, los tenores tratados como semidioses por el público son incontables, desde Giovanni Battista Rubini, Enrico Tamberlick o Enrico Caruso hasta la Pavarotti-manía de finales del siglo XX. Las rivalidades también son cosa de divos o del público que los admira, como la que hubo a finales del XIX entre Angelo Masini y Julián Gayarre o, ya en el siglo XX, entre «fletistas» y «lazaristas», admiradores respectivamente del aragonés Miguel Fleta o del barcelonés Hipólito Lázaro.

29 / 100

PAU CASALS: EL VIOLONCHELO DE LA PAZ

Cataluña no ha dado muchos nombres internacionales a la música clásica, pero los pocos que ha producido han sido muy relevantes. En el campo de la composición, destacan media docena: Antoni Soler y Ferran Sor en la época del Clasicismo, Isaac Albéniz y Enric Granados a caballo entre los siglos XIX y XX, y, ya en el siglo XX, Robert Gerhard y Frederic Mompou. Compositores catalanes ha habido muchos más, naturalmente, pero que hayan adquirido renombre a nivel mundial, no muchos.

Con respecto a los intérpretes, ha habido más suerte: hay un buen número de intérpretes catalanes que han recorrido el mundo mostrando su arte, sea con el violín (Joan Manén), el piano (Albéniz, Granados, Alicia de Larrocha), la voz (Conxita Badia, Maria Barrientos, Victoria de los Ángeles, Montserrat Caballé, Josep Carreras, Jaume Aragall), la viola de gamba (Jordi Savall) o el violonchelo (Pau Casals).

Pau Casals nació en El Vendrell y a los 20 años ya era un violonchelista reconocido. Durante los primeros años del siglo XX dio conciertos por todo el mundo, sacó del olvido las *Suites para cello* de Bach, grabó discos y acumuló una modesta fortuna que gastó creando la Orquesta Pau Casals en Barcelona, de la que fue el director y con la que, de 1920 a 1936, ofreció 350 conciertos. Uno de los proyectos más interesantes que llevó a cabo con su orquesta fue la fundación de la Asociación Obrera de Conciertos con la idea de acercar la música clásica a las clases sociales que siempre la habían visto desde la distancia.

El 18 de julio de 1936 Pau Casals dirigió su orquesta por última vez: estaban ensayando la *Sinfonía n.º 9* de Beethoven cuando les avisaron de que había empezado la guerra en España. Él había apoyado a la República, por lo que el bando franquista lo consideraba «enemigo de la patria». Se refugió en Francia, en Prades (Pirineos Orientales), al pie de las montañas del Canigó. Desde allí dedicó sus esfuerzos y su dinero a ayudar a los exiliados y refugiados.

Al final de sus conciertos en el exilio, empezó a interpretar la canción popular catalana *El cant dels ocells* (*El canto de los pájaros*) en versión para violonchelo solo, un villancico muy antiguo que él convirtió en canto de nostalgia y al mismo tiempo de esperanza. Después de la guerra en España, estalló la Segunda Guerra mundial y anunció que no volvería a tocar en aquellos países donde no se respetaran las libertades intelectuales y artísticas. Después amplió su protesta: decidió no tocar más el violonchelo mientras los países democráticos no cambiaran su actitud hacia el gobierno franquista.

En 1955 se establece en Puerto Rico. En 1958 es invitado a dar un recital en la sede de las Naciones Unidas, donde se le reconoce como luchador por la paz con la música como única arma. Inicia una gira mundial dirigiendo su obra *El Pesebre* como símbolo de la paz y de la hermandad entre todos los hombres y mujeres del mundo: México, Nueva York, Florencia, Londres, Berlín, Buenos Aires, Budapest, Pittsburg... En 1961 J. F. Kennedy, presidente de Estados Unidos, lo invita a dar un concierto en la Casa Blanca y poco después le otorga la Medalla de la Libertad. En 1963 vuelve a la sede de la ONU a dirigir *El Pesebre*. Se le encarga la composición del *Himno de las Naciones Unidas* y en 1971, durante el acto de estreno del *Himno* ante el plenario de la ONU, se le condecora con la Medalla de la Paz y pronuncia su famoso discurso «I am a Catalan». Pau Casals murió en Puerto Rico el 22 de octubre de 1973, poco antes de cumplir 97 años. Sus restos fueron trasladados al cementerio de El Vendrell en 1979.

30 / 100

NIÑOS PRODIGIO: EMPECEMOS CON MOZART

La verdad es que impresiona mucho ver a un niño o a una niña, pequeñitos, tocando un instrumento. Si el instrumento es enorme, como un violonchelo, una batería o, sobre todo, un piano, el éxito está asegurado: el contraste entra por la vista y el elemento espectacular se impone al elemento musical. Eso de los niños prodigio ahora está muy de moda (hay programas de TV que lo explotan al máximo) pero ya fue un fenómeno importante en el siglo XVIII: la nobleza buscaba espectáculos de este tipo por lucirlos en sus conciertos privados o incluso para llevárselos al frente de guerra como entretenimiento.

Niños prodigio los hay en todas las disciplinas (matemáticas, ajedrez, pintura, deportes…) pero los prodigios infantiles musicales han sido muy comunes y muchos de ellos han conseguido consolidarse de adultos con una carrera profesional plena. El modelo a seguir es el de Mozart: a los 3 años ya tocaba el violín y el clavicémbalo y a los 6 emprendió una gira por diferentes cortes europeas (Austria, Alemania, Francia, Inglaterra) donde su padre lo mostró, junto con su hermana Nannerl (cuatro años y medio mayor que Wolfgang Amadeus), que era tan prodigiosa o más que el niño. Los recitales de la familia Mozart consistían en tocar diferentes instrumentos, cantar, tocar con los ojos tapados, repetir melodías que se les hacía escuchar solo una vez e improvisar sobre ellas… Un circo musical con todas las variaciones posibles.

Unos años después, el padre de Beethoven quiso convertir a su hijo en un «nuevo Mozart» y dicen que lo tenía atado al banquillo del piano para que tocase horas y horas cada día. Beethoven, ya de mayorcito, triunfó sin discusión en los duelos pianísticos tan de moda en la Viena de la época: se trataba de darse a conocer como virtuoso del piano retando a un duelo a algún pianista consolidado o a algún profesor del conservatorio. Los partidarios de uno y otro intérprete cruzaban apuestas como si se tratara de una competición deportiva. Las diferentes pruebas consistían en interpretar una obra virtuosística, improvisar sobre un tema dado, hacer variaciones y leer a primera vista una partitura desconocida por el intérprete. Beethoven se midió con Josef Gelinek (que reconoció haber sido vencido «por este joven que debe deestar asistido por el diablo») y con otros como Daniel Steibelt (que dijo que no volvería nunca más a Viena mientras Beethoven estuviera vivo), Joseph Wolff, Cramer, Clementi o Hummel.

Franz Liszt también fue un niño prodigio (a los 11 años ya daba recitales) y a los 25 ya era reconocido como el mejor pianista de Europa… o casi. Sigismund Thalberg también era un virtuoso de moda y se retaron a un duelo en París, en el salón de la princesa Cristina Beljoioso. El veredicto fue salomónico: según la princesa «Thalberg es el mejor, pero Liszt solo hay uno» y según otros documentos de la época «hubo dos ganadores y ningún perdedor».

Otros niños prodigio de la música han sido Felix Mendelssohn (a los 14 años ya había escrito 12 sinfonías para orquesta de cuerda), Teresa Milanollo (la gran violinista italiana, que se retiró a los 30 años, cuando se casó), Camille Saint-Saëns (escribió su primera obra para piano a los 3 años), Georges Bizet (entró en el Conservatorio de París con 9 años) o George Enescu (a los 14 años ya tenía el título de violín del Conservatorio de Viena). También hay virtuosos actuales de renombre internacional que a los 5 o 6 años ya habían hecho su debut: Glenn Gould, Martha Argerich, Daniel Barenboim, Lang-Lang o Yuja Wang (todos ellos con el piano), Yo-Yo Ma tocaba el violonchelo ante el presidente de Estados Unidos a los 7 años, Sarah Chang tocaba el *Concierto para violín* de Paganini con la Filarmónica de Nueva York a los 8 años… y Michael Jackson, que sigue siendo el rey.

31 / 100

FUNAMBULISTAS DE LAS CUERDAS

Los intérpretes de violín empezaron a aparecer como setas en la época del Barroco. Hasta aquel momento el instrumento de moda había sido la viola de gamba con las diferentes variedades de la familia (viola soprano, viola tenor, violone…): eran una especie de violonchelos, de diferentes tamaños, que se tocaban con el intérprete sentado y el instrumento sostenido entre las piernas (*gambe* en italiano). En el siglo XVII, sin embargo, la familia de las gambas fue sustituida por la de los violines (o violas de brazo, ya que el instrumento se toca sostenido a lo largo del brazo). Las orquestas empezaron a prescindir de las violas de gamba e incorporaron toda la «nueva» familia: violines, violas, violonchelos y contrabajos.

Para prestigiar estos instrumentos y mostrar sus capacidades, los compositores empezaron a componer obras en las que pudieran lucir sus posibilidades, los llamados *conciertos*. La mayor aportación de Vivaldi a la historia de la música ha sido su dominio de la forma concierto. Se calcula que escribió cerca de 500 (no se conservan todos), de los cuales 230 son para violín, unos 120 son para otro instrumento solista (violonchelo, flauta, fagot, oboe), cerca de cincuenta son para dos solistas y los restantes requieren tres o más solistas al mismo tiempo. En el año 1725 publicó una recopilación de 12 conciertos bajo el título *Il cimento dell'armonia e dell'invenzione*, donde plantea uno de los grandes problemas de la composición musical: el enfrentamiento entre las reglas de la razón (de la armonía) y de la libertad creadora (la imaginación). Los cuatro primeros conciertos de la colección son *Las cuatro estaciones*.

Giuseppe Tartini, uno de los grandes violinistas de aquella época, tuvo una vida que parece extraída de una novela de capa y espada.

71

Las aventuras que protagonizó a lo largo de los 77 años que vivió parecen no tener fin, pero lo más destacado es que siempre viajó acompañado de su violín y fue su manera de tocarlo lo que le dio fama. Su padre quería que ingresara en la Iglesia, pero él estudió derecho, violín y esgrima, tres especialidades en las que destacó a lo largo de su vida. Se casó en secreto con una alumna de violín, lo que le obligó a esconderse durante un tiempo en el convento de los franciscanos de Asís. Más adelante vivió en Praga, de donde también tuvo que huir por otro asunto de faldas, pero su prestigio como violinista iba creciendo cada vez más. Se instaló definitivamente en Padua y su obra más famosa es *El trino del diablo*, escrita en 1713. Tartini soñó que el mismísimo demonio tocaba los trinos de esta sonata al pie de su cama durante la noche. Al día siguiente, el compositor solo tuvo que coger papel pautado, tinta y pluma y transcribir lo que el diablo le había dictado. El último movimiento incluye un pasaje de gran virtuosismo que exige la interpretación de una melodía en el registro grave mientras se ejecutan ininterrumpidamente una serie de trinos que requieren un baile de dedos verdaderamente diabólico.

El violín copó el éxito de los solistas durante muchos años, pero también aparecieron virtuosos de violonchelo, como Francesco Alborea (conocido como *Franciscello*) o Luigi Boccherini (que pasó media vida en Madrid), e incluso de contrabajo, como Giovanni Bottesini, que también hizo carrera como director de orquesta (dirigió el estreno mundial de la ópera *Aida*, de Verdi) y fue conocido como *el Paganini del contrabajo*.

32 / 100

LAS NIÑAS DE VIVALDI

Vivaldi fue profesor de violín durante 30 años en un internado femenino de Venecia, el Ospedale della Pietà. Se trataba de una institución benéfica eclesiástica que se dedicaba a recoger niñas huérfanas y a educarlas (principalmente a través de la música) con un objetivo claro: casarlas hacia los 15 o 16 años. Las que no conseguían casarse solían quedarse en la misma institución como profesoras de las más pequeñas.

El Ospedale organizaba conciertos cada fin de semana y eran una de las atracciones más concurridas de la Venecia de la época: la orquesta tocaba detrás de una mampara-celosía que dejaba entrever a las chicas vestidas de blanco. Vivaldi escribió la mayor parte de su obra para estos conciertos y supo aprovechar la ventaja de tener en sus manos una buena orquesta (bastante numerosa) con todos los instrumentos imaginables para hacer pruebas, introducir innovaciones y buscar sonoridades diferentes. Gracias a este laboratorio privilegiado, el lenguaje de Vivaldi se fue consolidando como uno de los más exitosos de su época.

Paralelamente, Vivaldi (que era cura) probó suerte en el mundo empresarial y produjo él mismo muchas de sus óperas por toda Europa, cosa que le reportó beneficios económicos, prestigio internacional y reproches por parte de sus superiores eclesiásticos, aparte de las habladurías de la gente al verle viajar siempre acompañado de chicas jóvenes. Él decía que sus acompañantes eran cantantes, alumnas del Ospedale, o bien enfermeras que lo atendían de su afección asmática.

El caso es que, atendiendo a la realidad social de la época, las chicas de La Pietà, una vez se casaban, tenían prohibido tocar o cantar en público. Solo podían hacerlo en privado, en su casa o en las recepciones que el marido de turno ofrecía y donde podía lucir las habilidades musicales de su esposa. A pesar de esta represión musical, algunas chicas sí consiguieron dedicarse a la música, como la cantante Anna Giraud, que cantó hasta los 38 años: entonces se casó y se retiró de la escena. También son conocidas tres chicas que llegaron a ser compositoras y maestras de música en el mismo Ospedale: Agata della Pietà, Michielina della Pietà y Santa della Pietà.

Para acabar, aquí va la historia de Cecilia Guardi: su madre, viuda, no se podía hacer cargo de ella y la llevó a uno de los *ospedali* de Venecia (había cuatro y todos se dedicaban a la música). Aceptaron a la chica, aunque ya era adolescente, porque tenía muy buena voz de soprano. Durante los ensayos diarios en la iglesia, Cecilia se fijó en el joven pintor que trabajaba allí pintando algunos frescos. Unas miradas y unas sonrisas furtivas y dos años después se fugaron y se casaron en secreto. Llegaron a tener nueve hijos. El chico se llamaba Gianbattista Tiepolo y llegaría a ser el pintor más importante de la Venecia del XVIII.

DE SONATAS Y SINFONÍAS

33 / 100

PARA TOCAR, PARA CANTAR Y PARA SONAR

Los italianos son muy meticulosos en esto del sonido: para ellos hay obras que se tocan, obras que se cantan y obras que se «suenan». Y he ahí por qué a algunas las llamamos tocatas, a otras cantatas y a otras sonatas.

Las tocatas son obras para instrumentos de tecla, inicialmente para órgano, y su tradición se remonta al siglo XV. Durante las pausas de la liturgia el organista improvisaba sobre alguna melodía del canto gregoriano y, con el paso de los años, estas tocatas (también llamadas *preludios*) se fueron complicando y fueron incorporando la técnica de moda: la fuga (desarrollo por imitación: la misma melodía va apareciendo sobrepuesta en diferentes momentos de la obra, como si se fuera persiguiendo a sí misma). Años más tarde, ya en el siglo XVII, era muy habitual que los compositores escribieran obras con el nombre de «tocata y fuga» (como la famosísima *en re menor* de Bach, la que suena en todos los órganos de los malos de las películas). Las tocatas del Barroco ya son obras de puro virtuosismo y filigrana, pero se mantiene el aire de libertad que las hizo nacer.

Un gran tocador de tocatas fue el organista de Lübeck, el alemán Dietrich Buxtehude. Accedió al cargo después de casarse con la hija del organista titular, así que, cuando este se jubiló, Buxtehude ocupó la plaza. Cuando él mismo ya se quiso jubilar, ofreció el cargo a aquel organista que se casara con su hija. Entre los candidatos había los jóvenes Händel y Bach… pero rehusaron la oferta. También se han escrito tocatas para otros instrumentos de tecla (como el clavicémbalo, el clavicordio o el piano), entre las que destacan las de Alessandro Scarlatti y las de su hijo Domenico (el hijo se batió en un duelo de teclas con Händel en 1709 en Roma: Scarlatti resultó ganador en el clavicémbalo y Händel en el órgano).

Si las tocatas se tocan, las cantatas se cantan, pero tienen acompañamiento instrumental. La palabra *cantata* aparece por primera vez a mediados del siglo XVII y ya hace referencia a un tipo de obra larga, a veces con diferentes partes, en la que la voz es la principal protagonista. Hay cantatas sacras (sobre textos religiosos) y cantatas profanas (con textos laicos). En la época del Barroco en Alemania la gran forma musical luterana fue la cantata: Bach compuso cerca de 300 y son verdaderas maravillas. Algunas son profanas, como la *Cantata del café*, estrenada en el Café Zimmerman de Leipzig.

Aparte de las obras tocadas y cantadas, hay las «sonadas», es decir, las que se interpretan con instrumentos de cuerda frotada. A pesar de esta diferenciación histórica, el verbo *suonare* quiere decir, literalmente, 'tocar': «Produrre, mandare, emettere un suono, dei suoni con riferimento soprattutto a strumenti musicali.» Inicialmente, se llamaba sonata a cualquier obra instrumental y poco a poco se fue definiendo su forma: durante el Barroco ya se diferenciaban la sonata de iglesia (en cuatro movimientos) y la sonata de cámara (que contenía claras referencias a la danza). Durante el Clasicismo se impuso la sonata como una obra (ya no exclusivamente para instrumentos de cuerda) en cuatro movimientos: el primero alegre, el segundo lento, el tercero basado en una danza (un minué, por ejemplo) y el último, un rondó (una pieza que va combinando fragmentos libres con un fragmento fijo, como si fuera el estribillo de una canción).

Por cierto: la hija de Buxtehude, Anna Margareta, por fin se casó, a los 32 años, con un alumno de su padre, Johann Christian Schieferdecker (de 28), que naturalmente ocupó la plaza de organista de Lübeck inmediatamente.

34 / 100

EL IMPERIO DEL CUARTETO

Agrupaciones de instrumentos existen muchas y de todo tipo, pero algunas han tenido más fortuna que otras. Quizás alguien a lo largo de la historia haya escrito alguna obra para violonchelo, flauta y trompeta, pero no es un trío que se haya consolidado como formación estable. En cambio, el trío formado por piano, violín y violonchelo es una formación «normal» en la música clásica, como el quinteto de viento (flauta travesera, oboe, clarinete, fagot y trompa) o el quinteto de metal (dos trompetas, trompa, trombón y tuba). Pero de entre todos los grupos consolidados, el que más obras ha generado y el que tiene más prestigio es el cuarteto de cuerda, formado por dos violines, una viola y un violonchelo.

El cuarteto de cuerda fue la formación camerística por excelencia durante el periodo del Clasicismo y aún hoy es un género con plena vigencia. Esta formación permite al compositor trabajar cuatro voces de forma autónoma olvidando la idea de una melodía solista acompañada. En el cuarteto de cuerda las cuatro voces se entrecruzan adquiriendo un protagonismo similar a lo largo de la obra y, tímbricamente, es un terreno de experimentación continua, no solo por las amplias tesituras que permiten los instrumentos, sino también por las diferentes posibilidades técnicas que ofrecen.

Desde la época de Haydn, las posibilidades del cuarteto de cuerda han sido investigadas por casi todos los compositores. Y mencionamos a Haydn porque sus cuartetos fueron los primeros que crearon escuela. Fue él quien, a partir de los seis cuartetos publicados como *opus 9* escritos en 1770, puso las bases del «cuarteto clásico» definiéndolo como una obra elegante y selecta en cuatro movimientos.

Podemos decir que, junto con Boccherini, pero cada uno por su lado, fue el creador de este nuevo género. Naturalmente, hay ejemplos destacados de obras que han rehuido la estructura haydiniana de los cuatro movimientos y solo tienen dos partes (como el *Opus 3*, de Alban Berg), tres (como el *Opus 8*, de Luigi Boccherini; los *Cuartetos 1 y 2*, de Bartók, o el *Opus 28*, de Anton Webern), cinco movimientos (aunque suelen ser obras más próximas al espíritu de los *divertimenti* que al de los cuartetos de cuerda) o incluso seis o siete movimientos (como los *Cuartetos 13 y 14*, de Beethoven, o el *n.º 15*, de Shostakóvich). A pesar de todo, el magisterio de Haydn en la composición de cuartetos que ya impresionó a Mozart ha perdurado hasta nuestros días.

La vida de los miembros de los cuartetos de cuerda, que comparten hoteles, viajes, comidas y horas y horas de ensayos y de conciertos, ha inspirado varias obras literarias y cinematográficas. Destaca la novela *An equal music* (*Una música constante*, 1999), del escritor indio Vikram Seth, y la película *The late quartet* (aquí se estrenó como *El último concierto*, 2012), de Yaron Zilberman. La música impregna las dos obras, pero también nos hace entrar en la vida a menudo tensa y de altísima exigencia de un cuarteto de cuerda profesional.

35 / 100

PARA ABRIR, UNA OBERTURA

A menudo, en los conciertos sinfónicos encontramos una obra denominada *obertura* que, por respeto a la etimología, tendría que ser la primera obra del programa. En la época del Barroco, la obra que se interpretaba como introducción de un espectáculo musical, como preludio de una obra importante (una ópera, un ballet o una obra orquestal), recibía el nombre de obertura porque, precisamente, su función era «abrir» el espectáculo. Sin embargo, todo hay que decirlo, una obertura no era una obra que disfrutara de mucho prestigio: mientras empezaba a sonar la música, la gente aún buscaba su butaca, acababan de saludarse, charlaban… Tenían claro que la música «de verdad» aún no había empezado y que aquello era simplemente una picza quc scrvía como toque de atención para avisar de que en el escenario algo estaba a punto de empezar. En muchas ocasiones (como en la primera ópera importante de la historia, *El Orfeo*, de Monteverdi), la música de la obertura era claramente una fanfarria, una música de carácter militar que podría traducirse por: «¡Eo! ¿No lo oís? ¡Todo el mundo a su sitio, que esto ya está a punto de empezar!»

Poco a poco, sin embargo, la obertura fue adquiriendo relevancia y, ya en la época del Clasicismo, los compositores dedican esfuerzos a componer oberturas operísticas con contenido: a veces utilizan temas musicales que después irán saliendo en la ópera, o utilizan la obertura para crear un ambiente adecuado al inicio de la obra. Se ha dado el caso de que la obertura de una ópera ha acabado siendo el fragmento más famoso de la misma. Incluso hay óperas que se interpretan muy poco, pero su obertura se programa a menudo en las salas de conciertos (como la de *Fidelio*, de Beethoven, o *Semiramide*, de Rossini).

También se da el caso de oberturas que llevan este nombre, pero que en realidad no abren nada. Acostumbran a ser páginas sinfónicas basadas en algún pretexto literario o poético, como pequeños poemas sinfónicos, que se interpretan en salas de concierto, pero que no sirven como introducción a ninguna obra. Es el caso de oberturas muy famosas como *Las Hébridas*, de Mendelssohn; la *Obertura cubana*, de Gershwin, o la *Obertura académica*, de Brahms, compuesta como agradecimiento por el doctorado honoris causa, que le había otorgado la Universidad de Breslau (mientras la escribía decidió componer otra con un carácter distinto: la *Obertura trágica*; como él mismo dijo, «una ríe y la otra llora»). Berlioz fue un adicto a las oberturas, de las que compuso nueve: cuatro corresponden a las respectivas óperas, pero cinco son obras libres: *Waverley, El rey Lear, Rob-Roy, El carnaval romano* y *El corsario*. De todos modos, en los conciertos sinfónicos se suelen interpretar como primera obra del programa, por lo que siguen funcionando como obertura en el sentido de que «abren» la velada musical.

36 / 100

EL POEMA SINFÓNICO

Cuando en el programa de un concierto encontramos un «poema sinfónico» no esperemos que salga nadie a recitar poesía. Los poemas sinfónicos son obras que se pusieron de moda en el siglo XIX, durante la época del Romanticismo, y tienen un origen muy sencillo y propio de la época en que nacieron: el compositor se inspira en algún libro que ha leído, en algún poema o en alguna historia y de aquella idea que le ha quedado en la cabeza (y en el corazón) escribe una obra para orquesta sinfónica. Así, el resultado es muy libre: puede durar 5 minutos o 40, puede tener diferentes partes o no, puede incluir un instrumento solista o no... Aparte de contener mucha música descriptiva, es un tipo de obra que se basa en la llamada música programática ya que la música va siguiendo un «programa», un argumento previo. ¡Libertad absoluta al servicio de la inspiración!

Beethoven ya había empezado a tantear esta manera de componer música olvidándose de las restricciones que imponía la estructura clásica de una sinfonía, de un concierto o incluso de una obertura buscando una forma de componer absolutamente libre, dejando fluir los temas, enlazándolos y retomándolos a voluntad, con un trasfondo literario más o menos evidente. Pero fue Franz Liszt el principal impulsor del poema sinfónico como género en el siglo XIX, seguido por autores como Berlioz, Saint-Saëns, Dvořák, Chaikovski, Smetana o Richard Strauss.

Liszt firmó una docena de poemas sinfónicos entre los que destaca *Mazeppa* (1851), una música totalmente descriptiva que explica paso a paso el argumento de la historia del héroe Mazeppa: su expulsión de Polonia atado a un caballo que lo aleja sin pausa de su amada, la caída en tierras de Ucrania (narrada con seis golpes de timbal) y el renacimiento de Mazeppa como jefe del ejército de los cosacos. Pura energía músico-literaria.

Seguramente el poema sinfónico más famoso de la historia es *Así habló Zaratustra*, de Richard Strauss. El compositor alemán leyó la obra del filósofo Friedrich Nietzsche y en 1896 escribió una obra sinfónica grandiosa, de unos 35 minutos de duración, en la que explica musicalmente el contenido del libro, la idea del superhombre, y todo aquello que le había inspirado la lectura: empieza con unas notas profundas interpretadas por los instrumentos más graves, las trompetas tocan un arpegio de tres notas sin prisa y, repentinamente, toda la orquesta ataca dos acuerdos en *fortissimo* que, cuando se apagan, dejan oír un solo de timbales. La obra es espectacular, pero si Stanley Kubrick no la hubiera puesto en su película *2001, una odisea en el espacio* (1968), quizás no sería tanta su popularidad. Richard Strauss fue un gran aficionado a escribir poemas sinfónicos: uno inspirado en *Macbeth*, otro en *Don Juan*, otro en *El Quijote*... Compuso diez y todos ellos se interpretan hoy día regularmente.

37 / 100

ÓPERA, ÓPERA Y ÓPERA

No hay duda de que la ópera es uno de los géneros más relevantes de la música clásica… pero es un mundo a parte. Nació como un espectáculo exclusivo para la nobleza, pero tardó muy poco en ser amado por el pueblo y ya a finales del siglo XVII era el espectáculo popular más multitudinario de Europa. De hecho, los conciertos de música clásica nunca han experimentado un clamor tan incondicional como la ópera. Incluso hay aficionados a la ópera que nunca han ido a un concierto sinfónico ni de cámara: les gusta la ópera y basta. Y la ópera es uno de los géneros que levanta más pasiones. En la música clásica encontramos público que idolatra a algún intérprete o a algún director, pero como la veneración que se tributa a los cantantes de ópera no la hay. Además, los *tifosi* de la ópera son radicales: son capaces de aplaudir locamente a su ídolo o a su diva preferida y, al mismo tiempo, abuchear y silbar a los otros. Pasión pura.

Antes de ir a la ópera vale la pena prepararse un poco: como mínimo, leer el guion de la obra para tener una idea de lo que pasará. Seguramente cantarán en italiano o en alemán (o quizás en francés, inglés, ruso o checo): la cuestión es que difícilmente entenderemos algo de lo que cantan, por eso vale la pena ir preparado. Es cierto que hoy día en la mayoría de teatros de ópera hay subtítulos (eso ha mejorado mucho las cosas), pero a veces los argumentos son liados.

Si al final de la obra la protagonista muere, no os asustéis: en la ópera casi siempre mueren las mujeres. Los argumentos están llenos de pasión, de tensiones y de situaciones extremas (he ahí el gran atractivo de la ópera) como en *Aida*, de Verdi, o en *Tosca*, de Puccini. También es cierto que una buena parte de las óperas con más éxito son óperas cómicas (*opera buffa*, en italiano) y en ellas no acostumbra a morir nadie, como en *Las bodas de Fígaro*, de Mozart, o en *El barbero de Sevilla*, de Rossini.

Una ópera suele tener diferentes números o fragmentos que pueden interpretarse individualmente en conciertos de música clásica sin necesidad de tocar la ópera entera: obertura, aria, dúo, trío, intermezzo, coro, ballet... Las partes más populares de las óperas son las arias, canciones interpretadas por un solo cantante dentro de la ópera: algunas de ellas se han convertido en auténticos iconos del mundo de la ópera como «La donna è mobile» (de la ópera *Rigoletto*, de Verdi) o «Casta diva» (de *Norma*, de Bellini). Pero también hay otros fragmentos de óperas que han alcanzado la inmortalidad, como las escenas de brindis (por ejemplo, en *La Traviata*, de Verdi), números de danza (como «La danza de las horas», en *La Gioconda*, de Ponchielli), intervenciones corales (como «El coro de esclavos», de la ópera *Nabucco*, de Verdi) o incluso algunas oberturas (como las de *Don Giovanni*, de Mozart; *Guillermo Tell*, de Rossini; *Lohengrin*, de Wagner, o *Carmen*, de Bizet). Si queréis saber más cosas de la ópera, no dejéis de leer el libro que escribí a cuatro manos con Jaume Radigales en esta misma colección, *100 cosas que tienes que saber de la ópera* (Lectio Ediciones, 2016).

38 / 100

EL PADRE DE LA SINFONÍA

Una sinfonía es una obra para orquesta. Puede ser más o menos larga y tener más o menos movimientos, pero principalmente se trata de un tipo de obra en la que los compositores se sueltan y ponen todo su conocimiento e inspiración al servicio de la música «pura», desvinculada de cualquier argumento, de cualquier texto y de cualquier programa. La sinfonía es la obra musical más valorada dentro del gremio: ser un sinfonista es entrar en el Olimpo de los compositores. En el caso de los escritores sería equiparable a escribir una novela.

La palabra *sinfonía* ya se utilizaba en la época medieval para indicar armonía o conjunto de voces que sonaban bien al mismo tiempo. En el Barroco se utiliza para designar obras instrumentales que a menudo se utilizaban como oberturas, es decir, para empezar un concierto o antes de una representación operística. Pero fue en la época del Clasicismo cuando se consolidó como forma musical de prestigio, primero con obras de autores como Stamitz o Sammartini y finalmente con Haydn. Beethoven dio un paso más (duplicó la duración y, además, en la *Novena* añadió una masa coral) y ya a finales del siglo XIX y principios del XX autores como Mahler, Bruckner, Sibelius, Skriabin o Shostakóvich convirtieron las sinfonías en catedrales sonoras, a veces con centenares de intérpretes y con duraciones de más de una hora.

Franz Joseph Haydn estructuró las sinfonías en cuatro movimientos y, como tenía una orquesta a sus órdenes 24 horas al día, pudo investigar, probar y experimentar con estructuras, combinaciones tímbricas y todo aquello que le apeteció. El caso es que compuso más de 100 sinfonías y su modelo se acabó imponiendo. Tenían tanto éxito que incluso algunos editores de música ponían a la venta sinfonías en las que constaba Haydn como autor, cuando en realidad eran apócrifas, cosa que ha dado mucho trabajo a los musicólogos actuales para determinar cuáles son auténticamente de Haydn y cuáles no. Una vez hecha la limpieza, el catálogo de Haydn cuenta con 106 sinfonías: 104 de ellas numeradas y dos más (que se llaman A y B) publicadas por primera vez a mediados del siglo XX.

La mayoría de estas sinfonías se estrenaron en el palacio del príncipe de Esterházy, donde Haydn trabajaba. Tenía la obligación de presentarse dos veces al día ante el príncipe y preguntarle si le apetecía un poco de música. Como el príncipe tenía invitados muy a menudo, Haydn tenía que componer obras para cada ocasión y no eran extraños los conciertos en los que había más músicos tocando que público escuchando. ¡Todo un lujo de la época poder disponer de una orquesta privada!

Muchas de las sinfonías de Haydn (más de 30) tienen un sobrenombre que normalmente ponía el público o algún crítico musical, o incluso los editores. Así, hay sinfonías de Haydn con títulos como *El filósofo* (la 22), *Toque de trompa* (31), *El palíndromo* (47), *La sorpresa* (94), *El reloj* (101) o *Londres* (104). La más simpática es la número 45, llamada *Los adioses*: resulta que la estancia del príncipe en el palacio que tenía en Hungría se alargaba demasiado y Haydn y los músicos de la orquesta querían volver a Viena para pasar las Navidades con sus familias. Para hacérselo entender al príncipe, Haydn compuso una sinfonía en la que, en el último movimiento, los músicos se van levantando uno a uno, van soplando la vela de su atril y se van marchando, de manera que al final solo quedan sobre el escenario dos violinistas. El príncipe captó la indirecta y al día siguiente todos hicieron las maletas.

39 / 100

LOS MÁS PROLÍFICOS

Dicen que Telemann, compositor alemán del Barroco, ha sido el compositor más prolífico de la historia, el que ha compuesto más obras (hay quien asegura que escribió más de 3.000), de las que solo se conservan cerca de mil (que no son pocas). Hay que tener presente que Telemann vivió 86 años y que estuvo activo desde muy joven; por lo tanto, es difícil compararlo con autores como Mozart, que murió poco antes de cumplir los 36 años, y de quien «solo» conservamos unas 700 obras.

Si tenemos en cuenta las sinfonías y las óperas (considerando que son dos de las obras más importantes que puede llegar a escribir un compositor), los números resultan engañosos. Por ejemplo: nadie duda de que Beethoven es uno de los mejores compositores de la historia, pero óperas solo compuso una y sinfonías solo nueve. Si lo comparamos con Haydn, que compuso 106 sinfonías y 16 óperas, no queda en muy buen lugar. O con Mozart, que escribió 41 sinfonías y 22 óperas.

Pero la música no se puede valorar por los números: las sinfonías de Beethoven marcan un antes y un después en la historia de la música y la complejidad que presentan no permite la comparación con obras denominadas «sinfonía» de autores anteriores. Y, no lo olvidemos, hay autores que, a pesar de haber compuesto decenas de partituras, son conocidos por una sola obra y con ella han tenido suficiente para dejar huella, como Albinoni y su *Adagio*, Pachelbel y su *Canon*, Orff con *Carmina Burana* o Joaquín Rodrigo con el *Concierto de Aranjuez*.

De todos modos siempre hay números para los libros de récords: Shostakóvich llegó a componer 15 sinfonías, pero fue superado (en cantidad, no en calidad) por nombres como el norteamericano de origen armenio Alan Hovhaness (que escribió 67) o el finlandés Leif Segerstam, que, de momento, lleva 309 (17 de sus obras escritas en 2016 las tituló *Sinfonía*).

Y si hablamos de óperas, encontraremos autores que las han compuesto por docenas. En la época del Barroco son un buen ejemplo Vivaldi y Händel (con cerca de 40 óperas), Telemann (cerca de 50), Alessandro Scarlatti (más de 60) o Reinhard Keiser, que se acercó al centenar de títulos, aunque la historia lo ha olvidado completamente. Antes ya existieron dos multicompositores de óperas: Antonio Draghi, con más de 100 títulos, y Francesco Cavalli, que compuso más de 30. En la época del Clasicismo, destaca Gluck, con 40 títulos, pero muy por debajo del centenar que compusieron Baldassare Galuppi, Niccolò Piccini o Giovanni Paisiello, auténticos dominadores de la escena teatral del momento. Pietro Alessandro Guglielmi (con más de 90 óperas) y el belga André Grétry (cerca de 70) tampoco se quedaron cortos, pero el gran megacompositor de óperas es Wenzel Müller, un austriaco con más de 150 títulos estrenados, y actualmente en el olvido más absoluto. Ya en pleno siglo XIX destacan Rossini y Massenet, con cerca de 40 óperas cada uno, pero nada comparable a la fertilidad musical de Donizetti (más de 70) o de Offenbach, con más de 100 títulos. Los grandes nombres de la ópera romántica no fueron tan prolíficos (Bellini, Wagner, Puccini y Strauss firmaron poco más de una docena de títulos), pero sí destaca Verdi, que firmó 28.

40 / 100

EL MÁS DIFÍCIL TODAVÍA

En la época del Barroco se vivió un desarrollo prodigioso de las habilidades de los intérpretes, de las prestaciones de los instrumentos y de las obras musicales escritas precisamente para hacer brillar este nuevo virtuosismo. Las obras para virtuosos con acompañamiento de orquesta se llaman *conciertos* y suelen tener tres partes (rápida, lenta y rápida), siguiendo el modelo que establecieron autores como Vivaldi o Corelli con los centenares de conciertos que escribieron.

La mayor parte de las obras concertantes de la época son conciertos para violín y orquesta, pero también se empezaron a escribir para instrumentos diversos: flauta, oboe, fagot, trompeta, trompa, mandolina, violonchelo… Cuando los solistas son dos instrumentos, hablamos de un *doble concierto* y, si hay tres, pues estamos ante un *triple concierto*. El más famoso de estos últimos es el *Triple concierto para violín, violonchelo, piano y orquesta*, de Beethoven, pero entre los conciertos múltiples destaca el *Concierto para cuatro clavicémbalos*, de Johann Sebastian Bach. Al inicio de la época del concierto se llamaban *concierto grosso* las obras en las que un solista de cada instrumento (dos violines, una viola y un violonchelo) asumían las partes solistas (a este grupito solista se le llamaba *concertino*) y el resto de la orquesta hacía el acompañamiento (se les llamaba *ripieno*). Pero poco a poco fueron teniendo más éxito las obras en las que el solista era un solo instrumento.

Desde la explosión del concierto del Barroco ya nunca más se han dejado de componer obras virtuosísticas. Mozart compuso 27 para piano (una de ellas para dos pianos y otra para tres), cinco para violín y diversas para otros instrumentos: clarinete, trompa, flauta, fagot…

De entre los más de 40 conciertos que compuso destaca uno muy curioso: el *Doble concierto para flauta y arpa*. De Beethoven destacan los cinco que compuso para piano (él mismo era el solista) y el *Concierto para violín*. Y en la época del Romanticismo llegó el más difícil todavía: se llegaron a escribir obras que algunos intérpretes de la época consideraron «imposibles», como el *Concierto para violín* de Chaikovski, el de violonchelo de Dvorák o el *Concierto para piano n.º 3*, de Rajmáninov. En el siglo XX se siguió no solo con el «más difícil todavía» (con obras dificilísimas como los conciertos para violín de Bartók), sino también con la originalidad. Se han escrito conciertos para tuba solista, para percusión, para guitarra eléctrica... y varios «conciertos para orquesta» donde cada uno de los miembros de la masa orquestal tiene alguna parte relevante.

El concierto con acompañamiento de orquesta no es el único tipo de obra en la que puede lucir un instrumentista virtuoso. Quizás es el más espectacular, porque una orquesta numerosa sobre el escenario siempre impresiona, pero hay docenas de obras que sirven para lucirse con el instrumento a solo o en pequeños grupos de cámara. Las seis *Suites para violonchelo solo*, de Bach, son obras indispensables para todos los solistas actuales, como los *24 caprichos para violín solo*, de Paganini, o las obras para piano solo de Sorabji, escritas directamente para ser casi imposibles de tocar tanto por su dificultad como por su duración: el *Opus clavicembalisticum* dura unas 4 horas y los *100 estudios trascendentales* no se han tocado nunca en público íntegramente (hay alguno que dura solo un minuto y otros que superan la media hora).

41 / 100

LA SUITE EN DANZA

En el mundo de la música clásica, la palabra *suite* se refiere a una obra que tiene diferentes movimientos (diferentes partes), normalmente con ritmos de danza variados, de manera que contrastan entre ellos. La adaptación de danzas tradicionales europeas para su interpretación con instrumentos no populares fue una moda que se fue extendiendo por Europa en los siglos XVI y XVII. La música cortesana incorporó agradablemente un tipo de obras que presentaban diferentes danzas galantes en serie, una tras otra, después de la interpretación de una obertura o preludio. Este tipo de forma musical, llamada *suite de danzas* o simplemente *suite*, permitía que cada autor hiciera la secuencia de danzas que más le conviniera, con contrastes rítmicos, respetando, sin embargo, la aparición de alguna de las más reconocidas: la *allemande* (de origen germánico), la *courante* (de origen francés), la zarabanda (de origen español) o la giga (de origen inglés). La disposición del resto de danzas (gavota, minué, *bourrée*, chacona, *passacaglia*, polonesa, rondó, etcétera) era absolutamente libre.

Las suites más famosas de la época del Barroco son de Bach (las seis *Suites para violonchelo solo* y las cuatro *Suites orquestales*) y de Händel (la *Música acuática* y la *Música para los reales fuegos artificiales*). Después del Barroco se siguieron componiendo suites de danzas, pero no siempre con ritmos provenientes de la música popular, sino suites confeccionadas a partir de fragmentos de música de ballet o con fragmentos de una ópera. Algunas suites muy famosas del Romanticismo son la suite del ballet *El Cascanueces*, de Chaikovski (no es el ballet completo, sino una selección de fragmentos), o la suite de la ópera *Carmen*, de Bizet.

La *Música para los reales fuegos artificiales*, de Händel, se ha convertido en una de las piezas más famosas de la historia de la música, pero el día que se estrenó fue un verdadero desastre: el espectáculo acabó con gente hospitalizada, público huyendo, la policía de Londres actuando de urgencia y centenares de voluntarios cogiendo agua del río para apagar el incendio que habían provocado los fuegos artificiales. El rey Jorge II de Inglaterra encargó a Händel una música gigantesca: había que celebrar el final de la Guerra de Sucesión austriaca y la firma del tratado de Aquisgrán. Se preparó un gran espectáculo de fuegos artificiales en el Green Park de Londres y se construyó una estructura de madera mastodóntica: 125 metros de largo y 35 de altura, con una columna espectacular de 60 metros. Se contrataron todos los músicos disponibles: 24 oboes, 12 fagotes, 9 trompetas, 9 trompas, 3 timbaleros y otros percusionistas. El 21 de abril de 1749 se hizo un ensayo general (sin fuegos), al cual asistieron 12.000 personas. El estreno oficial fue el 27 de abril y el desastre, también: después de la obertura sonaron 101 cañonazos y el edificio apareció iluminado por fuegos artificiales; a medida que transcurría el espectáculo los fuegos iban saliendo cada vez más y más descontrolados, hasta que el edificio se incendió (incluido un gran medallón con la figura del rey); los músicos huyeron para no quemarse; la gente empezó a correr, hacía mucho viento, la policía intervino… La fiesta, lógicamente, no llegó al final y hubo que atender a decenas de heridos. Un mes después, Händel hizo una nueva versión de aquella música (la que conocemos hoy día), reinstrumentando la obra para añadir instrumentos de cuerda y consiguiendo así una de las piezas más populares del todos los tiempos, que, como toda buena suite, combina diferentes aires de danza como una siciliana, una *bourrée* o un minué. El estreno de esta nueva versión se llevó a cabo sin un solo petardo.

42 / 100

LA VOZ EN MASA

La voz es el instrumento más democrático que hay. Y hacerlo sonar en masa es una práctica muy común en nuestra especie: los rituales más antiguos de la humanidad ya incluían elementos musicales, principalmente de percusión y de «canto coral», es decir, de todos los presentes cantando unidos. La estructura más sencilla (y que se repite en todas las culturas) es la del maestro de ceremonias cantando un fragmento a solas y recibiendo la respuesta del «pueblo» que le contesta al unísono. Esta estructura la tenemos documentada desde la antigua Grecia hasta los cantos ancestrales de los pueblos africanos, pasando por las tribus de indios de Norteamérica. El canto coral es internacional.

En Europa, cuando la música se fue desarrollando, se utilizó la voz en masa principalmente en los actos religiosos. Y, a medida que la música se fue complicando, los compositores utilizaron los coros de las iglesias (que tenían una buena preparación técnica) para escribir obras a diferentes voces. Poco a poco se fue introduciendo el acompañamiento del órgano y, ya en la época del Barroco, el acompañamiento orquestal. Los números corales dentro de las óperas también fueron habituales ya desde la primera ópera, *El Orfeo*, de Monteverdi. Así, paralelamente al desarrollo de los coros y los orfeones, nació un género conocido como sinfónico-coral; primero con obras estrictamente religiosas (misas, pasiones, cantatas sacras, oratorios, glorias o *stabats mater*) y después con obras de concierto, como la *Sinfonía n.º 9 «Coral»*, de Beethoven (que incluye la intervención del coro en el último movimiento de la obra cantando el *Himno de la alegría*), la *Sinfonía n.º 2 «Canto de alabanza»*, de Mendelssohn, o la *Sinfonía n.º 8 «De los mil»*, de Gustav Mahler.

El estreno de esta sinfonía de Mahler el 12 de septiembre de 1910 fue un acontecimiento: el promotor Emil Gutmann propuso interpretarla con mil músicos en el escenario como reclamo publicitario. La orquesta de Múnich fue ampliada notablemente (170 músicos), a los que se unió un coro mixto con 500 miembros, un coro de voces infantiles con 300 niñas y 50 niños, los 8 solistas vocales, el organista… y Mahler dirigiendo. Total, 1.030 personas sobre el escenario y 3.000 personas de público. A pesar del sobrenombre, los «mil» solo aparecen conjuntamente en contadas ocasiones, especialmente al final de la obra. El coro canta dos textos muy diferentes: el primero es religioso, escrito por el arzobispo de Maguncia, y el segundo está basado en la escena final del *Fausto*, de Goethe. A los notables problemas logísticos que comportó la organización de este acontecimiento se sumó la dificultad de sincronización entre los intérpretes y el director por las enormes distancias entre unos y otros y que Mahler trajera su *concertino* (violín principal) desde Viena, hecho que sentó muy mal a los profesores de la orquesta de Múnich. Al acabar la interpretación, Mahler recibió aplausos durante media hora por parte de las 4.000 personas de la sala: el público y los intérpretes. El empresario ya se había asegurado de vender 3.000 entradas más para volver a celebrar el concierto al día siguiente. Sería el último concierto que Mahler dirigiría en Europa y, sin lugar a dudas, fue el más exitoso de su vida.

DE INSTRUMENTOS

43 / 100

HERMANOS, PRIMOS Y SALUDADOS

Cuando hablamos de instrumentos musicales acostumbramos a hablar de *familias*: la familia de los instrumentos de cuerda, la de los vientos, la de las percusiones... Es una tradición muy arraigada en la música que responde a una cuestión práctica: los instrumentos de una misma familia suelen sonar bien cuando tocan juntos, su sonido liga fácilmente, los músicos dicen que «armoniza». Las razones son sencillas y tienen que ver con las leyes de la acústica: la manera de producir el sonido de cada instrumento genera un tipo de onda sonora particular y las ondas «parecidas» se acoplan bien entre ellas. Por eso, cuando los compositores antiguos necesitaban que una viola da gamba hiciera una nota grave, profunda, y no la podía hacer porque superaba los límites de aquel instrumento, inventaban una viola de gamba mayor, con cuerdas más largas, que pudiera hacerla. Y si buscaban una nota más aguda, más alta, pues pedían al violero que les construyera una viola de gamba más pequeña. Así, la familia de las violas de gamba contaba con miembros de diferentes medidas que, cuando tocaban juntos, podían interpretar una gama muy amplia de notas con el mismo timbre, con la misma sonoridad.

Precisamente las violas de gamba fueron sustituidas en la época del Barroco por una familia de primos hermanos: la familia de los violines (violín, viola, violonchelo y contrabajo). La manera de producir el sonido de las gambas y de los violines es prácticamente la misma (se trata de frotar una cuerda con un arco y así hacerla vibrar), pero la balanza se decantó hacia la familia de los violines, que eran más versátiles y tenían una sonoridad más potente.

Con el paso de los años, las orquestas fueron ampliando la tipología de sus instrumentos con el fin de buscar timbres nuevos, combinaciones diferentes, y casi siempre fueron incorporando instrumentos por parejas: primero dos trompas, después dos oboes, dos flautas, dos clarinetes… Cuando se hacía intervenir uno de estos instrumentos «nuevos», la mejor fórmula para acompañarlo con una segunda voz era hacerlo con un instrumento igual, que produjera el sonido de la misma manera, que tuviera el mismo timbre. Y con esta ampliación sonora, las diferentes familias que se fueron incorporando a la orquesta también fueron creciendo: por ejemplo, hacia 1800 se consolidó en las orquestas una pareja de clarinetes, pero unos años después también entró un clarinete bajo (para poder hacer notas más graves con el mismo timbre) e incluso un clarinete más agudo (el requinto) para hacer las notas más agudas. Lo mismo pasó con los instrumentos de metal, que empezaron con una pareja de trompas y la cosa acabó con cuatro trompas, tres trompetas, tres trombones y una tuba.

No todos los instrumentos se han consolidado dentro de la orquesta clásica: la familia del saxo, por ejemplo (que es un primo del clarinete), ha sido utilizada muchas veces dentro de la orquesta, pero no ha acabado de colocar de una forma definitiva a ninguno de sus miembros, que son muchos: desde el más pequeño, el saxo sopranino, de unos 40 centímetros de longitud, hasta el mayor, el saxo contrabajo, de más de 2 metros.

44 / 100

DEL VIOLÍN A LOS TIMBALES

La orquesta sinfónica tal como la conocemos hoy día es fruto de un largo proceso de ir poniendo y sacando instrumentos. Las orquestas estándar hacia el año 1700 solo tenían instrumentos de cuerda (violines, violas, violonchelos y contrabajos) siempre en cantidad decreciente: si violines había 9 (5 violines primeros y 4 violines segundos), había quizás 3 violas, 2 violonchelos y un solo contrabajo. Ya teníamos una orquesta de 15 miembros. Con esta orquesta se pueden interpretar centenares de obras de la época del Barroco y del primer Clasicismo (después también se han seguido escribiendo obras para orquesta de cuerda, pero pongamos que históricamente esta era la formación básica más habitual). Los primeros instrumentos en perder su lugar en la orquesta fueron las violas de gamba: habían sido las principales integrantes de las orquestas antes de 1700, pero en 1750 ya habían pasado a la historia.

La orquesta de cuerda fue incorporando instrumentos poco a poco: primero fueron las flautas dulces o de pico (que también acabarían pasando a la historia sustituidas por las flautas traveseras), después las trompas, los oboes, los fagotes, los clarinetes, los trombones, las trompetas y la percusión. Pero el proceso fue lento: cada vez que un compositor incorporaba algún instrumento en una obra esperaba que aquella «novedad» fuera aceptada de forma general y así se fuera consolidando aquel instrumento dentro de las orquestas de su entorno más próximo (si la orquesta de Mannheim incorporaba clarinetes pero la de Múnich no se acababa de decidir, había cada vez más obras que no se podían tocar en Múnich…).

El prestigio de las orquestas y de los compositores hizo que las orquestas se fueran homogeneizando y fueran incorporando aquellos instrumentos que se utilizaban con éxito. Los instrumentos de percusión, por ejemplo, empezaron consolidando los timbales, poco después la llamada *percusión turca* (bombo, platillos y triángulo) y, ya en el siglo XX, toda la batería completa: xilófono, caja, gong, campanas tubulares, pandereta, castañuelas, claves, vibráfono, maracas, látigo, crótalos, güiro, cabasa...

Algunos instrumentos, sin embargo, no acabaron de cuajar: Wagner incorporó a la orquesta una trompa más grave, una trompa baja, e hizo diseñar y construir algunos ejemplares que utilizó en algunas de sus obras... pero no tuvo éxito. También las utilizó posteriormente alguno de sus admiradores, como Bruckner, Mahler o Richard Strauss, pero la *tuba wagneriana* no ha tenido mucho recorrido. Lo mismo pasó con el octobajo, un contrabajo gigantesco utilizado por Hector Berlioz en su *Te Deum*, del cual se construyeron tres ejemplares y que no tuvo éxito, o con el heckelphone, una especie de oboe contrabajo (también ideado por Wagner) que se ha utilizado en pocas ocasiones y que, como los otros, no se ha consolidado dentro de la orquesta moderna.

Actualmente, una orquesta sinfónica está integrada por 90 miembros: 60 instrumentistas de cuerda (16 primeros violines, 14 segundos, 12 violas, 10 violonchelos y 8 contrabajos), 24 de viento (2 flautas y 1 flautín, 2 oboes y 1 corno inglés, 2 clarinetes, 1 requinto y 1 clarinete bajo, 2 fagotes y 1 contrafagot, 4 trompas, 3 trompetas, 3 trombones y 1 tuba), 4 de percusión (1 timbalero y 3 percusionistas), 1 piano y 1 arpa. Cuando hay que ampliarla con algún otro instrumento, se contrata el instrumentista para aquella obra en concreto y listos, sea saxo, teclado eléctrico, clavicémbalo, órgano, guitarra eléctrica o caramillo.

45 / 100

DEL ÓRGANO AL PIANO

El órgano fue el instrumento rey durante unos cuantos siglos, pero los reyes acaban cayendo y otro se pone en su lugar. Es ley de vida monárquica. El caso es que el órgano sigue siendo hoy día un instrumento muy relevante en la clásica, pero ya no tiene el papel social que había tenido entre los siglos XV y XVIII como centro gravitatorio del sistema solar musical. Casi toda la música se desarrollaba en torno al órgano, al organista y, naturalmente, a la iglesia, catedral o basílica que acogía aquel órgano. Ser músico de prestigio quería decir, irremediablemente, ser un buen organista, componer obras para este instrumento y ser un buen improvisador: todas las celebraciones litúrgicas iban acompañadas de intervenciones del órgano y había que llenar con música muchos espacios de la ceremonia, algunos de los cuales tenían una duración variable e imprevisible y, por lo tanto, improvisable.

La música pudo liberarse un poco del peso eclesiástico cuando se empezaron a construir instrumentos de teclado más pequeños y, por lo tanto, transportables, como los órganos de mano, los clavicordios, los clavicémbalos, las espinetas o los virginales. Mientras el órgano convivió con toda esta multitud de utensilios de teclado, mantuvo su hegemonía, pero llegó el año 1709 y un constructor de Florencia cambió el mundo de la tecla. Bartolomeo Cristofori construía clavicémbalos y clavicordios (instrumentos que tienen una sonoridad muy homogénea con respecto a la intensidad, ya que suenan con el mismo volumen todo el rato) y pensó que estaría bien dotarlos de un mecanismo que permitiera controlar la intensidad del ataque de cada nota, es decir, que el intérprete pudiera decidir si tocaba suave o fuerte (*piano* o *forte*) y que el instrumento respondiera a estos cambios de intensidad. Después de muchos intentos, presentó el «gravicembalo col piano e forte», y ya no hubo marcha atrás.

El invento de Cristofori cambió completamente la historia de la música: las posibilidades expresivas de aquel nuevo instrumento abrieron caminos insospechados tanto en los compositores como en los intérpretes. Muchos constructores de la época empezaron a adaptar las innovaciones del inventor italiano y, a finales del siglo XVIII, ya había talleres de construcción de *pianofortes* por toda Europa.

El momento de máxima experimentación en la construcción de pianos y de máxima evolución del instrumento coincide con la época de Haydn, Mozart y Beethoven. Poco tiempo antes, en el año 1747, Johann Sebastian Bach había tenido ocasión de probar unos pianos modernos en el palacio del rey de Prusia y había manifestado su poca confianza en el nuevo instrumento: él seguía creyendo en la superioridad del clavicémbalo y, naturalmente, del órgano. Bach se equivocaba y en pocos años el piano (denominado inicialmente *Hammerklavier*, «teclado de martillos», o *fortepiano*, por su capacidad de sonar fuerte o suave) se impuso como instrumento principal de la música occidental y acabó por arrinconar al clave.

Es interesante hacer un seguimiento de las partituras para teclado editadas en esta época, ya que los editores no apostarán claramente por el piano hasta el siglo XIX y muchas de las ediciones de finales del XVIII aún se anunciaban con la frase «obra para piano o clave». Las mejoras técnicas, sin embargo, acabaron por decantar la balanza. A mediados del XVIII se construyen los primeros pianos de mesa y los primeros pianos verticales, con lo cual se hace más accesible su adquisición y transporte. En el siglo XIX, el nuevo instrumento rey ya había ocupado el trono.

46 / 100

DEL CLARINETE AL SAXO

La familia de los clarinetes, desarrollada durante los primeros años del siglo XVIII, empezó a tener una presencia habitual en las orquestas a partir de la obra *Zoroastro* (1749), de Jean-Philippe Rameau. Cuando Mozart decidió introducir por primera vez este instrumento en una obra suya (*Sinfonía París*, año 1778), el clarinete ya era utilizado por muchos compositores, pero el paso definitivo para su consolidación fue el *Concierto para clarinete* que el mismo Mozart (1791) dedicó a su gran amigo (y hermano francmasón, miembro de la misma logia) Anton Stadler, el mejor clarinetista de Viena.

Uno de los miembros de la familia que antes consiguió el éxito fue el *corno di bassetto*, que no es más que un clarinete contralto con una curvatura en la parte inferior, forma por la que recibe el nombre de cuerno. El *corno di bassetto*, creado en 1770 y antecesor directo del actual clarinete bajo, fue muy utilizado por autores como el italiano Alessandro Rolla, el propio Mozart (en el *Réquiem*, por ejemplo), o Backofen (autor de un *Concierto para corno di bassetto y orquesta*). A principios del s. XIX, sin embargo, cedió el protagonismo al clarinete que actualmente vemos en las orquestas (clarinete en si bemol o clarinete en la) y al clarinete bajo que se incorpora definitivamente a la plantilla orquestal a finales del XIX, a la vez que también lo hace el clarinete en mi bemol (o requinto), el más pequeño de la familia.

En 1830 un joven belga de 15 años presentó tres proyectos (un clarinete y dos flautas) a un concurso de innovaciones técnicas para instrumentos musicales: el chico se llamaba Adolphe Sax y sus padres tenían un taller de construcción y reparación de instrumentos. El chico era un manitas y durante los años siguientes presentó innovaciones en el clarinete bajo, en las cornetas, en las flautas... hasta que en el año 1846 patentó un instrumento nuevo: el saxofón. Eso de poner su propio apellido a un instrumento ya era tradición: unos años antes había inventado una especie de trompa con pistones que denominó *saxhorno*. El trabajo se le multiplicó y hacia 1875 ya tenía una fábrica de instrumentos con 200 trabajadores. A pesar del éxito del saxo y de su aceptación en el mundo de la música, Sax se vio inmerso en una guerra de patentes que lo llevó a la ruina. Algunos de sus competidores fueron introduciendo mejoras técnicas y él iba poniendo demandas que unas veces ganaba y otras perdía, hasta que, al final, lo perdió todo.

El saxo es de la misma familia que el clarinete, pero tiene el cuerpo de metal y su sonoridad es más potente. Nunca ha llegado a sustituir al clarinete ni a incorporarse totalmente en la orquesta sinfónica, pero ha intervenido con papeles relevantes: en el *Bolero* de Ravel, en *West Side story*, de Bernstein; en *Harry Janos*, de Kodaly... Donde sí se ha consolidado ha sido en las bandas de instrumentos de viento, en las bandas militares y en el mundo de la música moderna: orquestas de jazz, de swing, de música latina y orquestas de teatro musical.

47 / 100

EL ARPA, INSTRUMENTO DE LOS DIOSES

La historia de la humanidad está llena de aventuras protagonizadas por las tres hermanas más populares de la familia de la cuerda pulsada: Lira (la pequeña), Cítara (la mediana) y Arpa (la mayor). Las tres, con su sonido mágico y sus poderes supraterrenales, aparecen en las historias de hace 4.000 años, en el Imperio asirio, y también en el antiguo Egipto, donde parece que fueron muy populares (tenemos muestras de perfil acompañando las tumbas de los faraones e incluso en tres dimensiones en terracotas y esculturas diversas). Pero su presencia como elemento indispensable en la sociedad humana y en nuestra relación con las divinidades y el mundo sensible es mucho más contundente: los griegos atribuyen su origen a la musa de la poesía, Polimnia, que convierte el Olimpo en el terreno de acción preferido de Lira, Cítara y Arpa, que se mueven como por su casa sin cesar.

El dios Hermes era un experto tañedor y dio un arpa a su tutorando Anfión, hijo de Zeus. Anfión y su hermano Zetos construyeron las murallas de la ciudad de Tebas y, mientras Zetos carreteaba pedruscos y sudaba la gota gorda, Anfión tocaba el arpa y las piedras se movían al ritmo del sonido y se colocaban donde él quería. Años después, cuando los hermanos atacaron la ciudad para rescatar a su madre, Anfión volvió a tocar el arpa: las murallas se levantaron obedeciendo su música y los hermanos entraron en Tebas sin ninguna dificultad.

El dios Apolo también jugaba con las tres hermanas: dicen que fue él el creador de Cítara, pero que la dejó de lado cuando Hermes le presentó a Arpa. Este amor por las tres hermanas lo traspasó a su hijo Orfeo, que para rescatar a su esposa de los infiernos se llevó a

Arpa (en realidad debió llevarse a Lira, que es más fácil de guiar por los caminos del inframundo) y haciéndola sonar consiguió hacer dormir al can Cerbero, guardián de las puertas del Hades. Después vino el rey David, un personaje más terrenal que los otros, que también pulsaba cuerdas, y ya más adelante las hermanas fueron adoptadas como hijas predilectas en países como Uruguay, Argentina o Irlanda, donde el dios Daghda controlaba el paso de las estaciones tocando la mítica arpa celta.

El sonido del arpa es ideal para conectarnos con mundos oníricos, lejanos y mágicos. Y eso parece ser que los humanos lo sabemos desde siempre, pero en la música clásica europea el arpa fue perdiendo presencia a partir del siglo XV a favor del laúd. El único sitio donde se mantuvo fue en Irlanda, pero con las guerras contra los ingleses (especialmente en 1650 con la invasión del general Cromwell) hubo episodios de quema de arpas por ser consideradas como un símbolo nacional.

El gran problema del arpa fue su difícil adaptación a la música cromática, es decir, a poder hacer los sonidos de las teclas negras del piano. Se inventaron arpas dobles (un juego de cuerdas con las teclas blancas y otro con las negras) e incluso arpas triples, pero el gran invento llegó con los pedales a inicios del siglo XVIII: un mecanismo gracias al cual cada cuerda puede ser tensada o destensada con la acción de un pedal y de esta manera puede sonar como tecla blanca o como tecla negra según convenga. Las arpas sinfónicas actuales funcionan con este mecanismo: tienen 7 pedales, uno para cada nota (cada cuerda roja es un do). En 1778 Mozart compuso la primera gran obra del repertorio clásico dedicada a este instrumento: el *Doble concierto para arpa y flauta*. La encargó un noble parisino, flautista aficionado, que tenía una hija arpista. Mozart compuso la obra y el personaje no le pagó el trabajo. Mozart no escribió ni una sola nota más para arpa en toda su vida.

48 / 100

EL SR. BÖHM Y OTROS ACÓLITOS

En los talleres de los lutieres, los constructores de instrumentos, se inventan utensilios muy extraños. Algunos llegan a tener éxito, como la familia de saxos inventada por Adolphe Sax, y en cambio otros pronto caen en el olvido, como el *arpeggione*, de Johann Staufer. Era un instrumento medio viola de gamba medio guitarra al que Schubert dedicó la *Sonata arpeggione*, obra que actualmente se acostumbra a tocar con violonchelo porque del *arpeggione* original ya no se acuerda nadie.

A veces el éxito de un lutier no está en inventar un instrumento nuevo, sino en mejorar los instrumentos ya existentes. Uno de los puntales de la evolución tecnológica aplicada a los instrumentos fue el alemán Theobald Böhm: ideó una serie de mecanismos para la flauta travesera (el llamado *sistema Böhm*, patentado en 1847) con tanto éxito que aún hoy es el sistema que presentan flautas, saxos y clarinetes. Böhm fue un gran flautista, pero también pasaba horas y horas en su taller, de donde salieron varios inventos musicales y otros utensilios curiosos, como una chimenea para las locomotoras de vapor e incluso una especie de telescopio para detectar incendios.

Pero inventores, ingenieros o iluminados que han pasado a la historia de la organología, la ciencia que estudia los instrumentos musicales, hay una larga lista, desde el mítico Bartolomeo Cristofori, que inventó el primer piano hacia 1700, hasta el Grupo de Investigación en Tecnología Musical de la Universitat Pompeu Fabra, de Barcelona. Estos violeros modernos presentaron en 2005 el reactable, un instrumento colaborativo que está teniendo bastante éxito en el campo de la música electrónica. Y en enero de 2017, el eyeharp, un instrumento digital que se toca con la mirada.

No nos podemos olvidar de Johann Denner, que hacia 1690 presentó el primer clarinete aplicando mejoras a un instrumento antiguo llamado *chalumeau*. Ni de Ivan Müller, que aplicó al clarinete el sistema de trece claves (1812). Ni de Sébastien Érard, que durante la primera mitad del siglo XIX presentó un arpa con un mecanismo que, básicamente, es el que todavía se utiliza hoy día, y también presentó substanciales mejoras en los pianos, muy elogiadas por intérpretes como Liszt o Chopin.

Entre los constructores de instrumentos nuevos destaca Jean-Baptiste Vuillaume, un lutier francés que en el año 1849 inventó el impresionante octobajo, un contrabajo de casi 4 metros de altura. Solo construyó tres ejemplares: uno está en París, el otro en Viena y el tercero se quemó en un incendio.

Citemos también al francés Pierre-Louis Gautrot, que en 1856 inventó una especie de fagot metálico (con sistema Böhm, por cierto) que bautizó como sarrusófono, en honor a Pierre Sarrus, director de bandas militares. Y al mexicano Corazón de Jesús Borraz Moreno, que inventó la marimba (1892). Y, naturalmente, al norteamericano James Welsh Pepper, que en 1893 presentó el sousáfono, un instrumento de metal enorme típico de las bandas norteamericanas, con un nombre que homenajea al gran compositor de música para banda John Philip Sousa.

Y acabemos con tres constructores que bautizaron sus inventos con su propio apellido: Adolphe Sax, que patentó la familia de saxofones en el año 1846; Wilhelm Heckel, que en 1904 presentó el heckelphone, una especie de oboe bajo que algunos compositores han utilizado en contadas ocasiones, y Léon Theremin, que en 1919 presentó el instrumento electrónico que más éxito ha tenido en la música clásica: el theremin. Se trata de un instrumento que se toca sin contacto físico, ya que la modulación del sonido (tanto la altura como el volumen) se hace acercando o alejando las manos de las dos antenas que tiene el instrumento. Durante décadas se ha utilizado en el cine para hacer la reconocible musiquilla de los fantasmas en casas abandonadas.

49 / 100

EL REY EN BLANCO Y NEGRO

El piano que vemos y escuchamos hoy día sobre los escenarios es muy diferente al que tocaban Mozart o Chopin. Las teclas siguen siendo blancas y negras, pero la evolución que ha tenido el instrumento es notable. La historia del piano empezó a escribirse con los primeros intentos de hacer sonar las cuerdas tensadas del salterio o de la cítara a base de percutirlas con unas pequeñas mazas y con los primeros instrumentos de tecla que, en lugar de pinzar las cuerdas, incorporaban mecanismos de martillitos para percutirlas. El clavicordio fue el primero de estos instrumentos «mecánicos» que consiguió imponerse, pero tuvieron más éxito sus competidores de cuerda pulsada: el clavicémbalo, el virginal y la espineta. Desde el que podemos considerar como el primer piano de la historia (el «gravicembalo col piano e forte», construido en Florencia en 1709 por Bartolomeo Cristofori) hasta el piano que podemos escuchar hoy, han pasado más de 300 años.

El primer nombre que recibió el invento de Cristofori fue el de *fortepiano*. Más adelante, ya en el siglo XIX y con la aplicación de muchas mejoras, se lo llamó *pianoforte* o, simplemente, piano. Es muy probable que Mozart no tocara un *fortepiano* hasta los 18 años (hacia 1774), en un viaje a Múnich. Poco después, le pedía por carta a su padre que le comprara uno, aunque reconocía que eran muy caros. En el año 1772 se presentó en Inglaterra un *fortepiano* con dos pedales (resonancia y sordina), mecanismos que hasta el momento se activaban con la rodilla o con la mano. El propio Mozart escribió una carta a su padre desde París (1777) en la que elogiaba las prestaciones de los teclados de Andreas Stein (considerado el mejor constructor europeo de finales del XVIII) y le detallaba que el mecanismo de resonancia se activaba con la rodilla, pero con mucha perfección. Stein ideó el mecanismo de escapada, gracias al cual el martillo del piano vuelve a su posición inicial muy rápidamente y así deja vibrar la cuerda con libertad. Años después (hacia 1822), Sébastien Érard, constructor francés, ideó la doble escapada, que permitía la repetición de la misma nota a mucha velocidad, efecto que fue explotado por los pianistas románticos, como Chopin o Liszt.

En la época de Beethoven, los cambios se fueron sucediendo: el tipo Walter, de 5 octavas; un modelo de 6 octavas, más pesado y de resonancia más fuerte, y el tipo Graf, de seis octavas y media, que pesaba el doble que los pianos de Mozart. Los preferidos de Beethoven fueron los de la casa Streicher de Viena (heredera de Stein), aunque también tuvo de las marcas Anton Walter, Wenzel Schanz y Graf. En el año 1798 escribía a un amigo suyo: «Los fabricantes me rodean con ansiedad… ¡para fabricarme un *pianoforte* como quiero yo!» En el año 1817 recibió como regalo un piano de la marca inglesa Broadwood, pero a aquellas alturas Beethoven ya era completamente sordo.

También es en esos años cuando se incorporan los apagadores (pequeñas piezas que permiten que la cuerda deje de vibrar cuando se suelta la tecla), nuevos materiales para la caja de resonancia y para las cuerdas, mejores sistemas de afinación y sujeción de las mismas… y otras aportaciones de la época que han servido de base para mejoras más recientes como son las clavijas metálicas, la disposición cruzada de las cuerdas, la ampliación del teclado, el tercer pedal o el marco de hierro forjado para aguantar la tensión. Toda una serie de innovaciones que han permitido a los compositores ir explotando las posibilidades del piano y dejarnos maravillas firmadas por Brahms, Saint-Saëns, Ravel, Debussy, Satie, Granados, Albéniz, Rajmáninov, Bartók, Mompou…

50 / 100

LA VIDA DE LOS INSTRUMENTOS

Los instrumentos envejecen, se hacen mayores. Con la edad la mayoría de ellos pierden prestaciones y, a pesar del mantenimiento, el cariño y las atenciones que les dispensan los instrumentistas, al final todos caducan. Bueno: dicen que algunos instrumentos de cuerda ganan con la edad, pero son la excepción. Los hay que tienen una vida breve (unos cuantos años) y los hay que tienen una vida más larga (décadas), pero ninguno dura para siempre.

El mantenimiento que debe darse a cada instrumento es muy diverso. En los de cuerda hay que cambiarles las cuerdas a menudo, y también las cerdas del arco (los pelos de caballo), a veces se desencola una parte de la caja de resonancia o hay que repararles algún golpe o grieta y cambiarles el puente de vez en cuando. Los de viento metal también hay que mimarlos, pero pueden durar toda la vida del intérprete perfectamente (entre 40 y 50 años): necesitan grasa en las bombas, aceite en los pistones y cuidar el barniz exterior (poco a poco se va perdiendo, sobre todo en aquellos sitios donde el intérprete pone la mano para sujetar el instrumento). A la larga, el metal se agujerea, pero se puede ir reparando. Eso sí: si caen al suelo o reciben algún golpe, mal asunto. Parecen instrumentos muy fuertes, pero en realidad no lo son. Si del trompazo solo resulta un bulto, estamos de suerte, pero si se deforma un pistón la cosa tendrá mal pronóstico.

Las flautas traveseras, clarinetes, oboes, fagotes y saxos son los instrumentos que más a menudo van al taller del lutier a hacer el mantenimiento: hay que renovar los cojinetes de las llaves, ajustarlas, adecuar las cañas (esto lo hace el propio instrumentista y a veces dedica horas a ello). Un clarinete bien cuidado, por ejemplo, puede tener una vida útil de 25 años o más, pero no es extraño que los clarinetistas de orquesta estrenen uno cada 8 o 10 años. También hay que tener en cuenta que algunos intérpretes poseen contratos de exclusividad con fábricas y cada cierto tiempo tienen que presentar los nuevos modelos.

Los instrumentos de percusión deben renovar principalmente los elementos fungibles (como baquetas y mazas), pero también hay mantenimiento en platos, que se resquebrajan, y en pieles y membranas, que se agujerean. Los percusionistas, sin embargo, tienen el problema del espacio: hay tantísimos instrumentos de percusión que los van acumulando y acumulando y al final no caben en ningún sitio.

Los pianos ya son otro tema: si tenemos uno en casa y lo cuidamos bien puede durar 50 años o más (también depende de la manera de tocarlo), pero si está sobre un escenario de una sala de conciertos de primer nivel (como los pianos del Palau de la Música o del Teatro Real) se tienen que cambiar cada 8 o 10 años. El mecanismo de un piano moderno es muy complejo y hay que hacer revisiones de las cuerdas, de los apagadores, de los martillitos, de las teclas, de la madera… Pero, en el fondo, como los instrumentistas también van envejeciendo, la relación entre el músico y su instrumento es de simbiosis adaptativa. Qué remedio…

En enero de 2018 los periódicos publicaban que el Palau de la Música de Valencia por fin había conseguido presupuesto para comprar un nuevo piano. Enviaron a un experto a la fábrica Stenway & Sons, en Hamburgo, donde probó doce instrumentos. Escogió dos que viajaron a Valencia. Allí, la gran pianista argentina Martha Argerich probó ambos antes de un recital y escogió uno: puso su firma, el Palau pagó 130.000 euros por aquel instrumento y devolvió el otro. Un procedimiento parecido al que había hecho unos años antes el Auditori de Barcelona para comprar su primer piano de cola, que sirvió para el concierto inaugural del edificio en el año 1999. En aquella ocasión, la pianista que lo avaló fue Alicia de Larrocha.

51 / 100

STRADIVARIUS, LA JOYA DE LA CORONA

Antonio Stradivari fue un lutier de Cremona que construyó, dicen, los mejores violines de la historia entre 1683 y 1715. Fabricó poco más de un millar y actualmente se conservan unos 650, considerados auténticas joyas. Muchos de ellos se pueden tocar (han sido reforzados y adaptados a las tensiones de las cuerdas actuales) pero otros se han conservado tal cual en los museos. La forma latina *stradivarius* es la que se utiliza para referirse a los violines creados por Stradivari, de la misma manera que los *guarnerius* son los violines que hizo su vecino y competidor, Giuseppe Guarneri, otro de los mejores violeros cremoneses de la época (el gran virtuoso Paganini tocaba con un guarnerius). Muchos de los violines de aquella época actualmente tienen nombre, que normalmente hace referencia a alguno de sus insignes propietarios, como el stradivarius *Condesa de Poulignac*, el *Joseph Joachim*, el *Rei Maximiliano*, el *Sarasate* o el guarnerius *Lord Wilton*, que fue propiedad del gran violinista Yehudi Menuhin.

Por qué son tan buenos estos instrumentos sigue siendo un misterio: no hay duda de que los materiales son excelentes, la manera de trabajar la madera también y de que Stradivari era un genio. Se ha hablado mucho del barniz que utilizaba (que también interviene en la calidad del sonido), e incluso un estudio reciente determina que parte del secreto puede estar en el insecticida que utilizaba Stradivari para combatir la carcoma de la madera y las termitas, a base de polvo de cristal. ¡Quién sabe!

Stradivari se casó dos veces, tuvo 11 hijos (dos de ellos siguieron el trabajo del padre) y murió a los 93 años. Hay quien dice que fue maestro de Guarneri, pero no está claro (de hecho, la familia de los Guarneri ya construía violines desde la mitad del siglo XVII).

En el año 2011 se vendió el stradivarius *Lady Blunt* por 11 millones de euros, y en el 2012 el guarnerius *Vieuxtemps* por 13 millones. Es muy difícil que un violinista pueda adquirir un stradivarius, por eso cuando asistimos a un concierto en que el solista toca con uno, en el programa de mano suele poner el nombre de la empresa, banco, aseguradora o fundación propietaria del instrumento que lo cede por un tiempo para que suene y así aumentar el prestigio como mecenas de aquella empresa. También hay coleccionistas privados, como el norteamericano David L. Fulton, matemático y directivo de Microsoft, que le compró el guarnerius a Menuhin por 6 millones de dólares, y que tiene en su colección ocho stradivarius y otros tantos guarnerius.

Hay quien dice que la mejor colección de stradivarius del mundo es propiedad de la corona real española: en el año 1702 Felipe V pactó con Stradivari la compra de un cuarteto completo (dos violines, una viola y un violonchelo), pero, una vez hechos, los instrumentos no llegaron a España hasta 1775: la transacción la cerraron los hijos de ambos, Carlos III y Paolo Stradivari. Los miembros del «cuarteto palatino» se conservan en Madrid y de vez en cuando salen de sus urnas para dar conciertos. Viajan en aviones diferentes (no se diera el caso de que un accidente los fastidiara a todos a la vez) y en cajas acorazadas con localizadores. Dicen que, si salieran a subasta, juntos podrían llegar a venderse por 100 millones de euros. En el año 2012, mientras se les hacía una sesión de fotos, el violonchelo se cayó y se le rompió el mástil: se pudo reparar sin dificultades, pero no trascendió el nombre del fotógrafo.

52 / 100

LOS NUEVOS INSTRUMENTOS ANTIGUOS

Los instrumentos antiguos que hay en los museos (sean violines, guitarras, clarinetes o pianos) no se pueden tocar porque son muy delicados y el paso de los años los hace impracticables. A veces se les hace sonar en algún concierto especial, bajo la atenta mirada de sus cuidadores, que sufren por si alguna pieza salta por los aires. El Museo de la Música de Barcelona, por ejemplo, ofrece un ciclo de conciertos con los instrumentos de su fondo, pero los hace sonar solo uno o dos días al año, momentos únicos para escuchar un órgano de 1719, un clavicémbalo de 1737 o una guitarra de 1700.

Por eso hoy día se hacen copias, réplicas modernas que sí pueden sonar perfectamente como un instrumento de nueva construcción. De otro modo, el timbre de los clavicémbalos, de los laúdes, de las violas de gamba o de los primeros fagotes y oboes se habría silenciado para siempre y, en cambio, gracias a las copias modernas, podemos volver a dar vida a aquel sonido tan especial de hace 300 y 400 años.

Las copias de instrumentos antiguos a menudo se hacen con materiales también antiguos (maderas viejas, cuerdas de intestino, mecanismos arcaicos) para intentar acercarse lo máximo a la sonoridad y al aspecto de aquellos instrumentos. Pero no es extraño que haya copias hechas con materiales nuevos completamente. Para hacer una copia, lo más habitual es tomar las medidas de alguno de los instrumentos que hay en los museos, pero los lutieres actuales también se basan en dibujos, grabados o relieves que encuentran en libros antiguos o en los capiteles de las iglesias y palacios. Por eso las orquestas llamadas *de música antigua* cuentan con instrumentos venidos de otros tiempos y que hoy nos resultan muy extraños, como las tiorbas (una especie de guitarras con mástiles infinitos), los cornetos (una especie de flautas con embocadura de trompeta) o las violas de rueda (una imagen famosa de este instrumento es la del Pórtico de la Gloria, en la catedral de Santiago de Compostela, anterior al año 1200).

En el caso de los instrumentos de cuerda frotada, también se hacen copias modernas de mucha calidad, pero es la familia que cuenta con más instrumentos originales en activo. Es decir, que no es extraño que en una orquesta de música antigua podamos encontrar instrumentos fabricados en el siglo XVIII o incluso antes (durante un tiempo estuvo de moda la denominación «orquesta de instrumentos originales»). Se trata de instrumentos muy buscados, que han vivido mucho y que, por lo tanto, han sido reparados muchas veces: la mayoría de ellos no conservan todas las piezas originales, a veces el mástil se les ha alargado, o se les ha reforzado la estructura para aguantar mejor la presión de las cuerdas modernas, o se les han cambiado los afinadores. Pero conservan la energía y la magia que solo da el paso del tiempo.

DE ESTRENOS INMORTALES

53 / 100

BACH Y LA OFRENDA AL REY

Bach compuso más de mil obras y muchas de ellas están consideradas entre lo mejor que ha creado musicalmente la especie humana: las seis *Suites para violonchelo solo*, la *Pasión según San Mateo*, la *Tocatta y fuga en re menor*, el *Álbum de Anna Magdalena*, *El arte de la fuga*, las *Suites para orquesta*, las *Variaciones Goldberg*, etcétera. Una de sus obras indispensables se conoce con el nombre de *La ofrenda musical* y, aparte de ser una obra musical magnífica, es un juego.

De los 20 hijos que tuvo Bach (de dos esposas, 7 + 13), cuatro llegaron a ser músicos muy destacados. Uno de ellos, Carl Philipp Emanuel, ocupó el cargo de compositor del rey de Prusia, que entonces era Federico el Grande, un gran aficionado a la música. En 1747 el rey insistió a su compositor de cámara: quería conocer a su padre, el «viejo Bach». Por ello Johann Sebastian se desplazó a Potsdam, donde pasó unos días en el palacio de Sanssouci en compañía de su hijo y del rey. Allí, Bach tuvo ocasión de probar los nuevos *fortepianos* que el rey había comprado y de expresar su opinión según la cual aquel instrumento no tenía ningún futuro y que el clavicémbalo seguía siendo un instrumento mejor. El tiempo demostró que Bach era humano: también se equivocaba.

Un día, el rey organizó una velada musical en cuyo transcurso cogió la flauta travesera (de la que era un buen intérprete), tocó un tema de 21 notas y dijo: «Viejo Bach, a ver si podéis desarrollar este tema que he tocado y hacer una fuga a diferentes voces.» Bach se sentó delante del clave e improvisó una fuga sobre aquel tema regio a dos voces, después a tres voces e incluso a cuatro voces. Después de los aplausos de la concurrencia y de los elogios, el rey dijo: «Dicen que podéis hacer una fuga a 6 voces con cualquier tema», ante lo cual Bach se disculpó y dijo que, por aquel día, humildemente, ya había improvisado bastante. Al día siguiente Bach volvió hacia Leipzig, pero estaba muy molesto: ¿el rey lo había retado? ¿Había querido hacerle quedar mal? ¿Qué había pasado?

Bach recordó las palabras que unos días atrás le había dicho su hijo: «Padre, si creéis que el rey ama la música, os equivocáis: solo ama la flauta. Y si creéis que ama la flauta, también os equivocáis: solo ama su flauta.» El caso es que el rey era el rey y valía la pena quedar bien. Además, uno de sus hijos trabajaba para él y no lo quería dejar en mala posición.

Bach se puso a trabajar sobre aquel «tema regio» y compuso *La ofrenda musical*, un conjunto de trece piezas en las que el protagonista es aquel tema tratado a dos voces, a tres, a cuatro y, finalmente, a seis voces. Antes de cada una de las piezas hay un enigma: si se resuelve, se sabe cómo se tiene que interpretar la pieza. En una de ellas, el tema se tiene que tocar como un cangrejo, es decir, leyendo de derecha a izquierda; en otra, el canon que resulta es infinito, *Canon perpetus*; en otra, la segunda voz tiene que hacer las mismas notas, pero haciéndolas durar más rato, es un canon por aumentación y en el encabezamiento se lee: «Notulis crescentibus crescat Fortuna Regis» («Que la fortuna del rey aumente con el incremento de las notas»). En el canon por disminución dice: «Quaerendo invenietis» («Buscando encontraréis») y en el primer número, un canon a tres voces, puso: «Regis Iussu Cantio Et Reliqua Canonica Arte Risoluta» («Tema elaborado por orden del rey y el resto desarrollado según el arte del canon»): si se lee la primera letra de cada palabra dice «RICERCAR» («buscar»), que también es el nombre de una forma musical antigua basada en la imitación, como la fuga y el canon. Música y juego dándose la mano.

54 / 100

LAS ESTACIONES DE VIVALDI

Una de las preocupaciones de Vivaldi era la difusión de su obra. A principios del siglo XVIII, darse a conocer era complicado: te acababan conociendo los de tu pueblo, los de la provincia... y poco más. En cualquier caso, que hablaran de ti era una cosa lenta, lentísima. Las noticias volaban a otro ritmo. Así que asumió que tenía que viajar (estuvo en Roma, en Alemania, en Bohemia, en Ámsterdam) y que tenía que editar sus obras con el fin de que las partituras pudieran estar disponibles más allá de su barrio. La edición de partituras, en el año 1700, estaba en condiciones muy precarias: en Venecia había unos cuantos editores, pero la calidad de su trabajo era discutible y tenían muchas carencias por lo que se refería a la distribución. Pero Vivaldi insistió y, después de publicar un par de obras con dos editores venecianos (en 1705 con Giuseppe Sala y en 1709 con Antonio Bortoli), confió sus partituras a una editorial de Ámsterdam que le ofrecía no solo una mayor calidad de impresión, sino una distribución muy eficiente por toda Europa. Con el editor Estienne Roger y su sucesor, Michel-Charles Le Cène, Vivaldi publicó, entre 1711 y 1729, diez obras. Una de ellas, impresa en 1725, se convertiría en la obra musical más famosa de todos los tiempos: *Las cuatro estaciones*.

Imprimir una obra musical era un trabajo largo y pesado, pero el señor Roger de Ámsterdam había aplicado mejoras tecnológicas al proceso y Vivaldi confió en ellas (como también confiaban Corelli, Scarlatti, Torelli, Pepusch...). Además, los conciertos para instrumentos solistas de Vivaldi (espectaculares, alegres, difíciles pero practicables) tenían todos los ingredientes para venderse con cierta facilidad. Cuando el Sr. Roger murió (ya había publicado cinco obras de Vivaldi), su yerno, Le Cène, compró la empresa y pidió a Vivaldi alguna obra nueva para mantener la relación. Vivaldi le mandó un conjunto de 12 conciertos para violín y orquesta que ya tenía escritos de hacía un tiempo agrupados bajo el título *Il cimento dell'armonia e dell'inventione* (un título que deja intuir en qué línea trabajaba Vivaldi: la eterna lucha del compositor entre las normas clásicas y la libertad creativa).

Le Cène publicó la obra, la distribuyó por diferentes ciudades europeas y, con el paso de los años, resultó que de los 12 conciertos, los que más se interpretaban eran los cuatro primeros, titulados *La primavera*, *El verano*, *El otoño* y *El invierno*. Renombrarlos fue fácil: alguien los llamó «Las cuatro estaciones» y así quedó. Hay tres conciertos más de la colección que Vivaldi también bautizó, pero no han tenido tanto éxito: *La tempestad marina*, *El placer* y *La cacería*.

La particularidad de *Las cuatro estaciones* es que Vivaldi escribió unos sonetos sobre cada una de las estaciones (que se publicaron junto con las partituras) y la música describe punto por punto todo aquello que se explica en los poemas: el agua de la fuente, los diferentes tipos de pájaros, el frío, los resbalones sobre el hielo, el bochorno, el rayo y el trueno que asustan al campesino, las fiestas y danzas del pueblo… Todo está explicado en verso y en música, bajo la dirección del violín solista.

La primera grabación discográfica que se hizo de esta obra es anterior a 1940, pero desde entonces se pueden encontrar más de mil referencias: es, sin duda, la obra de música clásica que más veces se ha grabado.

55 / 100

MOZART Y EL EXCESO DE NOTAS

Cuando Mozart se instaló en Viena a los 25 años, el mundo de la lírica seguía copado por la ópera italiana. La lengua alemana quedaba relegada a las obras populares, los llamados *singspiel*. Sin embargo, en pocos años, Mozart dio un impulso definitivo a la ópera en alemán con títulos relevantes como *Zaide, El rapto en el serrallo, El empresario teatral* o *La flauta mágica*, paralelamente a sus éxitos indiscutibles en italiano (*Le nozze di Figaro, Don Giovanni, Così fan tutte...*).

El rapto en el serrallo (1782) fue la obra con la que Mozart se presentó en Viena, tan solo un año después de haberse instalado allí definitivamente. Esta puesta de largo se pudo llevar a cabo gracias a la confluencia de una serie de circunstancias particulares. En primer lugar, la insistencia de Mozart por recibir un encargo de la corte imperial. En segundo lugar, el interés del emperador en apoyar el *singspiel*, el género de ópera popular cantado en alemán, con la creación del Nationalsingspiel, una compañía dedicada al género. En tercer lugar, el interés del director del Nationalsingspiel, Gottlieb Stephanie el Joven, por consolidar su cargo y por aparecer como libretista en una de sus producciones: Mozart ya había enseñado a Stephanie sus trabajos operísticos anteriores y, ante la calidad de lo que le mostraba aquel joven compositor de Salzburgo, Stephanie le entregó un texto escrito por él mismo (después se demostró que el libreto de Stephanie era, en realidad, del poeta Christoph Friederich Bretzner, que públicamente mostró su disgusto porque le habían robado la obra). La cuarta circunstancia que hizo que las cosas fueran como fueron la encontramos en las ganas de Mozart de quedar bien ante la corte, de mostrar todo su potencial y (con toda probabilidad) de querer sorprender a aquella sociedad tan estirada y engominada con una obra magnífica, y no solo con una «obrita» graciosa.

El encargo era muy claro: tenía que componer un *singspiel* en lengua alemana, medio hablado, medio cantado, para entretener al personal. Pero Mozart se pasó de la raya. Los presentes el día del estreno no se dieron cuenta de que estaban ante la mejor obra de teatro musical en alemán escrita hasta el momento.

Dicen que, después del estreno, el emperador de Austria, José II, se acercó a Mozart y le dijo que sí, que la obra le había gustado mucho, pero… que había demasiadas notas. Mozart contestó que, de notas, solo había las justas, ni una más ni una menos. La discusión acabó aquí, pero en el fondo el emperador estaba defraudado: él había ido al Burgtheater de Viena en pleno verano a ver una obra sencilla, corta, simpática… Había ido a reír un poco con un *singspiel* sin más trascendencia y, en cambio, se había encontrado aquello: una señora ópera de cabo a rabo, con una calidad musical por encima de todo lo que había escuchado hasta aquel momento, con una duración superior a las dos horas, con pocos fragmentos hablados y mucha, mucha música.

El tema escogido (amores y rescates heroicos, en clave de humor, en un harén turco) fue muy bien recibido por el público vienés, que ya no veía en los turcos un enemigo militar potencial, sino una sociedad exótica y colorista. El hecho es que, con demasiadas notas o no, fue la ópera de Mozart más representada en vida del autor: el año del estreno alcanzó 15 representaciones, y después se interpretó en Praga, Frankfurt, Bonn, Leipzig, Múnich, Kassel, Berlín y Stuttgart.

56 / 100

BEETHOVEN: LA 3, LA 5 Y LA 6

Las nueve sinfonías de Beethoven están consideradas como un monumento musical irrepetible, genial, grandioso, único. La grandeza de estas obras no está solamente en su perfección formal, en sus melodías o en el juego de variaciones, imitaciones y desarrollos temáticos que presentan, sino en la capacidad que tienen de conectar con el público. Beethoven supo bajar la música sinfónica del pedestal donde estaba y dotarla de vida propia, acercarla al público, crear una música que hablara de los problemas y de las emociones reales. Su música perdió parte del toque exclusivo y aristocrático que tenía durante el siglo XVIII pero ganó en proximidad. Beethoven supo transformar en música sinfónica las angustias y las sonrisas del mundo.

Beethoven empezó a sufrir problemas de oído hacia los 30 años y, pasados los 40, ya no oía nada en absoluto, por lo que una gran parte de su obra la compuso en la más absoluta sordera. En el año 1802 asumió que ya no había marcha atrás: cada vez oía menos, se ponía nervioso, no quería que la gente lo supiera, se cerró en sí mismo... pero se dio cuenta de que podía oír la música dentro de su cabeza, sin necesidad de los oídos, y se volcó en la composición.

Componer la *Sinfonía n.º 3 «Heroica»* fue lo que le salvó del desastre. Inicialmente la quería dedicar a Napoleón, pero después borró la dedicatoria al ver que este actuaba como un dictador. Se puede decir que la *Heroica* marca un antes y un después en la historia del sinfonismo: en el momento de su estreno fue la sinfonía más larga de la historia (casi el doble de minutaje de lo que era habitual en las sinfonías clásicas de Haydn, de Mozart, e incluso en las dos primeras del mismo Beethoven). Las innovaciones también están en la forma (expandida de manera libre y magistral), en el «romanticismo» de los temas (en el sentido de voluntad expresiva y de descripción de estados de conciencia) y en la instrumentación, que añade una tercera trompa y presenta unos colores orquestales y unos bloques sonoros completamente nuevos. Se estrenó el 7 de abril de 1805 en Viena y las críticas la consideraron larga, inconexa, pesada e interminable.

La sesión musical en la que se estrenó la *Sinfonía n.º 5* también produjo diversidad de opiniones: el concierto, bajo la dirección de Beethoven (que aún oía un poco), se celebró el 22 de diciembre de 1808 y duró más de 4 horas. La *Quinta*, que empieza con la sucesión de 4 notas más famosa de todos los tiempos (ta-ta-ta-taaaaan), abrió la velada, pero también se interpretaron la *Sexta*, el *Concierto para piano y orquesta n.º 4*, la *Fantasía coral para piano, orquesta, coro y solistas vocales*, fragmentos de la *Misa en do* y algunas obras más. El concierto presentó momentos para todos los gustos: desde la locura colectiva que estalló después de escuchar la *Sinfonía n.º 5* (un éxito absoluto) hasta los desastres que se produjeron en la ejecución de la *Sexta* y, especialmente, en la *Fantasía coral* que Beethoven detuvo y obligó a volver a empezar al ser incapaz de enderezar la nefasta interpretación que se estaba produciendo.

Con el paso de los años, la 5 y la 6 se han convertido en las sinfonías más interpretadas de Beethoven y su popularidad es difícil de igualar. La factoría de animación de Walt Disney utilizó la música de la *Sexta* en la película *Fantasía* (1940) y, sesenta años después, la de la *Quinta* en *Fantasía* 2000.

57 / 100

MENDELSSOHN RESUCITANDO A LOS MUERTOS

Felix Mendelssohn era un niño de familia rica y, cosa que pedía, cosa que le compraban. ¿Que el niño quería pintar? Pues contrataban a un maestro pintor y llenaban una habitación de la casa con caballetes, óleos y naturalezas muertas. ¿Que al niño le daba por la poesía? Le ponían a un tutor que lo guiaba con lecturas de los clásicos y le organizaban una tertulia con Goethe. Cuando a los 12 años pidió una orquesta, su padre (el honorable banquero Abraham Mendelssohn, hijo del famoso filósofo Moses Mendelssohn) le preguntó para qué la quería. «Es que he escrito unas sinfonías», dijo el niño, «y quiero saber cómo suenan». Así era Felix.

Estudiaba música desde muy jovencito y uno de sus profesores, el Sr. Zelter, era un enamorado de la música barroca alemana, especialmente de Bach, un autor que ya hacía años que había dejado de sonar en los conciertos. Sin embargo, Zelter, que era director de la Academia de Canto de Berlín, de vez en cuando programa alguna de sus obras y transmitió el amor por Bach a su alumno Felix y a la hermana de este, Fanny, que también fue compositora. El caso es que los hermanos Mendelssohn siempre habían curioseado en la música de Bach incluso desde los manuscritos, porque su padre había adquirido algunos en una subasta y porque una tía abuela de los niños había estudiado con uno de los hijos de Bach y conservaba varios en su casa. Para colmo, cuando Felix cumplió 14 años el regalo de cumpleaños fue una partitura completa copiada a mano de la *Pasión según san Mateo* (una obra gigantesca de Bach que no se tocaba desde hacía 80 años).

Felix fue abducido por aquella partitura e insistió a su maestro para que la interpretara (se trata de una obra para orquesta, coro y solistas de más de dos horas y media de duración). La insistencia duró años y, finalmente, en 1829 pudo llevar a cabo su sueño. Mendelssohn tenía 20 años y ya había escrito algunas obras importantes, como el *Octeto para cuerdas* o la obertura *El sueño de una noche de verano*, pero lo que dio a hablar de él fue el reestreno de la *Pasión según san Mateo* (en versión reducida), ya que sacó a Bach de las bibliotecas para volver a ponerlo donde le correspondía: sonando ante el público en las salas de concierto y en las iglesias.

A partir de aquel momento, el interés general por la música de Bach experimentó un empuje que sigue vigente. El éxito de aquella exhumación musical fue espectacular y el nombre de Mendelssohn empezó a correr como la pólvora. Su padre (el banquero) exclamó: «¡Me he pasado la vida siendo el hijo de Mendelssohn —en referencia a la fama de Moses Mendelssohn, el filósofo— y ahora me pasaré la vida siendo el padre de Mendelssohn!»

Eso sí: de todas las obras que llegó a componer Mendelssohn (algunas tan interpretadas como el *Concierto para violín*, la *Sinfonía italiana* o la obertura *Las Hébridas*), la más conocida es la famosísima *Marcha nupcial*, que suena en todas las bodas. En realidad, forma parte de la música de escena que compuso para la obra de teatro *El sueño de una noche de verano*. ¡Nadie puede decir que no ha escuchado música de Felix!

58 / 100

LA *CARMEN* DE BIZET

Según datos de las funciones operísticas celebradas en todo el mundo durante la temporada 2015-16, que incluyen cerca de 23.000 representaciones, *Carmen* fue la tercera ópera más interpretada. El *ranking* lo encabeza *La Traviata*, de Verdi, y la lista del *top 10* la completan los grandes *hits* del género: tres títulos de Mozart (*La flauta mágica*, *Las bodas de Fígaro* y *Don Giovanni*), tres de Puccini (*La Bohème, Tosca y Madame Butterfly*), otra de Verdi (*Rigoletto*) y una de Rossini (*El barbero de Sevilla*). Curiosidades: el primer Wagner aparece en el 25.º lugar (*El holandés errante*) y la primera ópera española aparece en el puesto 176 (*El gato con botas*, de Xavier Montsalvatge).

Los títulos de las diez óperas más representadas se repiten, más o menos, cada año, con algún cambio de posición, pero *Carmen* siempre está entre el segundo y el tercer lugar. Siempre. Y es que *Carmen*, aunque tuvo un estreno rodeado de polémica y escándalo, se ha acabado imponiendo como la ópera francesa más interpretada de todos los tiempos. En el *ranking* que mencionábamos más arriba, aparecen bastantes compositores franceses (Offenbach, Massenet, Gounod, Poulenc, Berlioz, Rameau, Ravel, Debussy, Saint-Saëns...) pero sumando todas las representaciones de sus óperas no se llega al número de puestas en escena de la obra principal de Bizet. *Carmen*, sola, gana por goleada a la selección francesa al completo.

Georges Bizet fue un niño prodigio. A los 9 años ingresó en el Conservatorio de París y a los 14 ya ganaba premios como pianista y organista. Fue galardonado con el prestigioso Premio de Roma de composición, lo que le permitió ampliar estudios en la capital italiana, donde escribió su primera ópera. En los siguientes años, de nuevo en París, compuso varias óperas más (*Los pescadores de perlas*, *La bella muchacha de Perth*, *Djamileh*...), pero ninguna de ellas consiguió imponerse: alcanzaban una veintena de representaciones y poco más. Bizet soñaba con un gran éxito que le permitiera vivir con comodidad con su esposa y su hijo, pero el golpe de suerte no llegaba.

La Opéra-Comique le encargó una obra para ser estrenada durante la temporada de 1875: «Una cosa pequeña, fácil y graciosa, del gusto de nuestro público y, sobre todo, con un final feliz.» Bizet, sin embargo, fue a lo suyo: escogió la novela *Carmen*, de Prosper Mérimée, sobre los amores entre Carmen (una cigarrera sevillana, con un espíritu libre y abierto, que no duda en cambiar de amante cuando le conviene) y el soldado navarro Don José (chapado en la antigua, clásico y con un alto sentido del honor, pero que cae a los pies de Carmen y traiciona todos sus principios). El escándalo estuvo servido: buena parte del público (incluso de los músicos que la interpretaban) la consideraron una obra inmoral, desvergonzada e indecente. Incluso recibió críticas la música: «Parece música de la Cochinchina: ¡no se entiende nada!». Bizet cayó enfermo.

A pesar del escándalo y de las críticas, la ópera se siguió representando. En la trigésima representación, cuando la mezzosoprano protagonista cantaba el aria de las cartas del tercer acto (donde Carmen prevé su propia muerte), la intérprete sintió (y así lo dijo a sus compañeros de reparto) que Bizet había muerto. Efectivamente, el compositor expiró aquella misma noche con solo 36 años, sin tiempo para disfrutar del que, pocos meses después, ya se había consolidado como el éxito que tanto había anhelado: *Carmen* se convirtió en la ópera de moda en Europa, con estrenos en Austria y Alemania, y la reposición en París, con grandes elogios hacia el dramatismo de la obra, la música, la instrumentación y los números que la han hecho inmortal: la habanera con la que Carmen se presenta, el coro con el que la concurrencia de la taberna homenajea al torero Escamillo o la obertura orquestal donde aparecen los temas más famosos de la ópera.

59 / 100

LOS BALLETS DE CHAIKOVSKI

Chaikovski fue un tipo introvertido, entregado al 100% a la música, pero con una vida interior agitada. Quizás la última de sus sinfonías, la *número 6 «Patética»*, es la única en la que se intuye esta lucha personal, porque el resto de su música (sinfonías, conciertos suites, óperas) es alegre, rítmica y optimista. Hacia los 37 años, cuando ya era un compositor relevante, recibió una carta de una admiradora que le ofreció una pensión mensual sin ninguna contraprestación: la mecenas, llamada Nadezhda von Meck, solo quería que siguiera componiendo, que escribiera más y más música. Así se inició una relación epistolar entre ambos (en los 13 años que duró, no se llegaron a conocer nunca en persona) gracias a la cual hemos podido conocer muchas de las inquietudes de Chaikovski, ya que las explicaba con todo detalle a su amiga postal.

En la época de Chaikovski, el ballet en Rusia ya contaba con una larga tradición. Los zares acostumbraban a invitar a las principales bailarinas y bailarines europeos y algunos de ellos se quedaban como profesores o como directores de danza de los teatros imperiales. Uno de estos, Marius Petipa, vivió en Rusia más de 70 años (de 1839 a 1910), donde coreografió cerca de 50 ballets originales y creó las danzas para más de 30 óperas. Murió a los 92 años dejando detrás suyo una fama de hombre absolutamente despótico.

A menudo se ha dicho que Chaikovski creó para Marius Petipa los tres ballets que abren la época del «ballet sinfónico»: *El lago de los cisnes* (1877), *La bella durmiente* (1890) y *El Cascanueces* (1892). Lo cierto es que el único de los tres que coreografió Petipa fue *La bella durmiente*, ya que *El Cascanueces* fue puesto en escena por su asistente

Lev Ivanov (aunque Petipa firmó el argumento) y *El lago de los cisnes* tiene una historia, como veremos, un poco más confusa.

En 1875 Chaikovski recibió el encargo de escribir la música para un ballet en cuatro actos que se estrenaría en el Teatro Bolshoi de Moscú. Chaikovski aceptó el encargo y se puso manos a la obra. Desde el comienzo, su concepto del tratamiento orquestal para *El lago de los cisnes* fue absolutamente sinfónico. El estreno del ballet se celebró el día 4 de marzo de 1877 y no fue ningún éxito. Según publicaron los periódicos de la época, la coreografía (de Julius Reisinger), la puesta en escena y los vestuarios fueron mediocres. Algún crítico alabó la música y descalificó a la principal bailarina, Paulina Karpakova. No se puede decir que la obra fuera un fracaso total: se hicieron 33 representaciones en seis años. El resultado, sin embargo, no era el que Chaikovski había imaginado.

El día 1 de marzo de 1894 (ya hacía cuatro meses que Chaikovski había muerto), el teatro Mariinski, de San Petersburgo, programó un concierto-homenaje al compositor en el que se incluyó el segundo acto de *El lago de los cisnes* coreografiado por el mencionado asistente de Petipa, Lev Ivanov. El éxito fue espectacular y Marius Petipa decidió apropiarse de la idea, recoreografiar de nuevo todo el ballet y reponerlo en la temporada siguiente. Así, el 8 de febrero de 1895, se reestrenaba en San Petersburgo *El lago de los cisnes* con la coreografía que ha llegado hasta nuestros días de Petipa-Ivanov.

El ballet *El Cascanueces* está basado en el cuento de E. T. A. Hoffmann *Cascanueces y el rey de los ratones*, pero con notables cambios por parte de Ivan Vsevolozhsky (director de los Teatros Imperiales Rusos) y del inalienable Marius Petipa. Los cambios no gustaron a Chaikovski, que prefería la parte más humana del cuento, mientras que en el guion resultante lo que tenía más importancia era la parte fantástica y superficial del final del cuento. A pesar de ello, la música que escribió no denota desgana, sino todo lo contrario: está llena de la ilusión y la magia propias de un cuento de Navidad. En la instrumentación (como siempre, muy variada y llena de sorpresas) se incluye un nuevo instrumento que Chaikovski acababa de descubrir en París: la celesta, una especie de xilófono metálico con teclas.

60 / 100

EL ESCÁNDALO DE STRAVINSKY

Aunque Igor Stravinsky nació y creció rodeado de música (su padre era cantante —bajo— de los Teatros Imperiales), la vocación musical le llegó tarde. Escribió su primera obra a los 21 años (en 1903) y sus primeras obras sinfónicas (*Scherzo fantástico* y *Fuegos artificiales*) son de 1907 y 1908. El estreno de estas dos obras el 6 de febrero del año 1909 fue el inicio de la carrera como compositor de Stravinsky: entre el público asistente al concierto estaba Serge Diaghilev (director de los Ballets Rusos establecidos en París desde el año anterior), que, al oír estas obras, corrió a buscar al autor para encargarle la música para un ballet. Así nació *El pájaro de fuego*, estrenado en 1910, y, ante el éxito alcanzado, Diaghilev le encargó *Petrushka* en 1911 y *La consagración de la primavera* en 1913.

Estos son los inicios de la carrera como compositor de Stravinsky, que a partir de este momento ya no paró de escribir. Son muchos los que opinan que, a pesar de que compuso más de un centenar de obras y de que algunas de ellas son de gran calidad, las mejores son estos tres ballets. Lo que es indudable es que *La consagración* marcó un punto de inflexión en la historia de la música: su concepto del ritmo y de la instrumentación provocaron una revolución entre los compositores y entre el púbico. El concepto de *ballet* ya nunca más fue lo mismo. Las melodías que utiliza (aunque el subtítulo de la obra es «Cuadros de la Rusia pagana») no son auténticamente del folclore ruso, sino que son creación libre y la orquestación presenta un dominio absoluto del color y propone combinaciones de sonidos totalmente nuevas. La gran aportación, sin embargo, está en el ritmo: estudiado hasta el milímetro, crea un clima y una tensión únicos (insoportable para muchos de los presentes el día del estreno) que han hecho de esta obra una de las más importantes del siglo XX.

El estreno de *La consagración* se celebró en el Théâtre des Champs-Élysées, de París, el 29 de mayo de 1913 y ha pasado a la historia como uno de los escándalos más notables que se recuerdan. El teatro se había inaugurado dos meses antes y la gente tenía ganas de verlo, y con más razón si era con una coreografía firmada por el gran Vaslav Nijinsky que ya había protagonizado un escándalo el año anterior bailando el *Preludio a la siesta de un fauno* de Debussy con movimientos, según la crítica, eróticos, provocativos y «masturbatorios». Se llenaron las 1.900 localidades y el espectáculo empezó. Con las primeras intervenciones orquestales ya surgieron los primeros murmullos: la música sonaba extraña y atrevida. El famoso solo de fagot con notas que se mueven en el registro más agudo del instrumento ya provocó comentarios como el del compositor Saint-Saëns: «¡Si eso es un fagot, entonces yo soy un babuino!»

Cuando los bailarines aparecieron, el público se quedó con la boca abierta: movimientos nuevos, bruscos, pesados, trabajando mucho sobre el suelo y poco (o nada) con los famosos saltos marca Nijinsky. La escenificación de un ritual pagano que acaba con el sacrificio de una joven que baila hasta la muerte no dejó a nadie indiferente. A mitad de la obra, los gritos a favor y en contra eran constantes: silbidos, aplausos, abucheos; Stravinsky abandonó su localidad para esconderse entre bambalinas, una parte del público llegó a las manos y la policía echó del recinto a docenas de personas. La excitación fue máxima y, en algunos momentos, oír la música resultaba imposible.

Puccini escribió: «No hay duda de que la obra es original y hay notable talento. Pero en conjunto es obra de un loco.» Y Debussy, más gracioso: «En lugar de *Le sacre du printemps*, eso ha sido *Le massacre du printemps*.»

61 / 100

LA *SÉPTIMA* BAJO LAS BOMBAS

El 22 de junio de 1941 las tropas de Hitler pusieron en marcha la Operación Barbarroja y penetraron en territorio ruso. El primer día de combate abatieron cerca de dos mil aviones rusos y, aunque inicialmente avanzaron sin impedimentos, pronto chocaron con la resistencia de una población que, a pesar de las penurias que había vivido primero con los zares y después con la Revolución, no quería dejarse pisar por un ejército extranjero. La exaltación del patriotismo llevada a cabo por el régimen soviético dio su fruto y miles de voluntarios se fueron apuntando a los frentes de guerra mientras Hitler buscaba apoyos internacionales y conseguía de Franco la Divisón Azul.

En julio de 1941 empezó la evacuación de Leningrado, pero el compositor Dmitri Shostakóvich (el más importante de Rusia, junto con Serguéi Prokófiev) no quiso marcharse y se alistó como voluntario para defender la ciudad. Su patriotismo y su condición de ciudadano-compositor (son palabras suyas) lo llevaron a defender Rusia como uno más de los centenares de miles de rusos que cogieron los fusiles para echar al invasor. Inicialmente no fue aceptado por cuestiones médicas, pero finalmente fue destinado al cuerpo de bomberos.

Aquel mismo verano, en pleno inicio del asedio de la ciudad, empezó a componer la que sería su *Sinfonía n.º 7*. Compaginó la composición de esta obra y las tareas de bombero con el trabajo de asistente musical en un teatro que celebraba representaciones para los militares y los hospitales. En octubre fue evacuado de la ciudad y a finales de año concluyó la obra.

La *Sinfonía n.º 7 «Leningrado»* se estrenó en Samara el 5 de marzo de 1942, pero para levantar la moral del pueblo se organizó una interpretación en la propia Leningrado, el 9 de agosto. Se buscaron todos los músicos disponibles y también instrumentos, se les dio una ración más de comida si asistían a los ensayos, algunos estaban en condiciones muy precarias, pero finalmente la interpretación se realizó. Se retransmitió por radio y también por los altavoces que se habían instalado en la ciudad, de cara al enemigo, para que todo el mundo oyera que en Leningrado se hacía música. Poco antes del concierto, los rusos lanzaron un ataque sobre las baterías de cañones alemanas y consiguieron silenciarlas un rato. A media sinfonía (que dura 80 minutos) las bombas volvieron a caer sobre la ciudad, pero ninguna de ellas impactó en el teatro.

La partitura ya había sido microfilmada y enviada a Estados Unidos a través de las líneas alemanas, vía Teherán, El Cairo y Casablanca. En julio de 1942, Arturo Toscanini la había dirigido en Nueva York (coincidiendo con que la revista *Time* de aquel mes mostraba en portada a Shostakóvich tocado con un casco de bombero) y en un año se hicieron más de 100 interpretaciones por todo el país. La obra se convirtió inmediatamente en un símbolo contra el nazismo y una demostración de la lucha del pueblo soviético contra el fascismo. El asedio de Leningrado (uno de los grandes desastres de la historia de la humanidad del siglo XX) duró 900 días y causó más de un millón de muertos.

62 / 100

UNA GOLONDRINA SÍ HACE VERANO

Hay compositores que han conseguido colocar docenas de obras en el repertorio habitual de las orquestas y grupos de cámara: Bach, Mozart, Beethoven, Chaikovski, Bartók... Pero hay algunos que solo han conseguido colocar una: ¡una sola! Algunos casos notables de *one hit wonder* de la clásica son Tomaso Albinoni (conocido solo por su famosísimo *Adagio*), Johann Pachelbel (por su *Canon*), Carl Orff (autor de *Carmina Burana*) o Joaquín Rodrigo (y su inmortal *Concierto de Aranjuez*).

Albinoni fue un pequeñoburgués que vivió en Venecia en la época de Vivaldi y compuso más de un centenar de obras, óperas incluidas, pero siempre fue considerado un músico *dilettante*, aficionado. Su profesión era la de impresor y organizaba veladas musicales en su casa (también tocaba el violín y la viola), donde se interpretaban sus obras. Así, aunque estrenó muchas obras en teatros públicos, su música fue quedando poco a poco en el olvido. Cuando empezó a recuperarse la música de Bach, a finales del siglo XIX, el nombre de Albinoni apareció en alguno de los papeles del músico alemán y el interés por Albinoni renació, pero se publicaron algunas obras y poco más. En el año 1945, el musicólogo Remo Giazotto «reconstruyó» unos apuntes de Albinoni encontrados en la biblioteca de Dresde y presentó la obra como *Adagio de Tomaso Albinoni*. Desde aquel momento, la obra consiguió un éxito sin precedentes y aún suena hoy día en películas, anuncios, bodas, conciertos y sepelios. Años después se supo que los apuntes originales de Albinoni contenían poco más que el papel del bajo y seis o siete compases de la melodía. Así pues, Albinoni es conocido por ser el autor de una sola obra que, en realidad, es escasamente suya.

El *Canon* de Johann Pachelbel goza de la misma popularidad que el *Adagio* de Albinoni; sin embargo, en este caso, el autor sí es el que toca. Pachelbel fue un compositor y organista muy reconocido en Alemania justo antes de la época de Johann Sebastian Bach. Es autor de docenas de obras que los organistas tocan de vez en cuando, pero el común de los mortales solo lo conocemos por el *Canon*.

Carl Orff fue un compositor y pedagogo alemán, controvertido por su colaboración con el régimen nazi, pero rehabilitado posteriormente y galardonado con varios reconocimientos institucionales. Es autor del método Orff de enseñanza musical para niños y de docenas de obras, pero la única que se interpreta de forma regular es *Carmina Burana*, una impresionante cantata sobre textos medievales de goliardos y juglares estrenada en 1937.

Joaquín Rodrigo es uno de los compositores españoles más importantes del siglo XX. Nació en Sagunto el día de Santa Cecilia (patrona de la música) de 1901. A los tres años quedó ciego, cosa que no le impidió seguir estudios musicales. Es autor de docenas de obras sinfónicas, de cámara, vocales, teatrales, pero su éxito más internacional fue el concierto para guitarra y orquesta estrenado en el Palau de la Música de Barcelona el 9 de noviembre de 1940 bajo el título de *Concierto de Aranjuez*. La obra se popularizó rápidamente entre los guitarristas de todo el mundo. Desde hace 50 años aparece en lo alto de la lista de obras españolas más interpretadas.

DE CUESTIONES PRÁCTICAS

63 / 100

¿CÓMO SE LEE UNA PARTITURA?

Sin rodeos: se lee de izquierda a derecha, como estas líneas que estáis leyendo ahora mismo. Los flautistas, trompetistas o contrabajistas tienen una partitura enfrente que, exactamente igual que esta página, presenta una línea y después otra. Naturalmente, la música tiene sus códigos, pero la mayoría de instrumentos leen un compás detrás de otro y, cuando acaba la línea, siguen con la línea de debajo. Además, muchos de los instrumentos de la orquesta son monódicos, es decir, que pueden hacer un sonido y después otro y después otro, pero no pueden hacer dos sonidos al mismo tiempo (flautas, trompetas, fagotes…). Por eso sus partituras presentan una nota y después otra, como si se tratara de palabras una detrás de otra. Los instrumentos polifónicos de la orquesta (los que pueden hacer más de una nota al mismo tiempo, como la familia de los violines o el xilófono) pueden tener en la partitura notas superpuestas que se tienen que interpretar al mismo tiempo. El paralelismo con las líneas que estáis leyendo ahora mismo es difícil de hacer porque los humanos, cuando leemos o hablamos, somos «monódicos»: no podemos decir dos o tres palabras al mismo tiempo. Lo que más se parecería sería el libreto de una obra de teatro cuando, en un momento dado, dos o tres actores tuvieran que hablar al mismo tiempo. Al violín no le haría falta ayuda: él solo puede hacer sonar estas dos o tres notas al mismo tiempo.

Con los pianistas la cosa se complica: leen dos líneas al mismo tiempo siempre, una para la mano derecha y otra para la mano izquierda. En las partituras de órgano hay incluso una tercera línea: la que se tiene que interpretar con el teclado de los pies. Y con las partituras de dirección, la cosa es de locura: cada página presenta todos los instrumentos al mismo tiempo dispuestos verticalmente. En una sinfonía de Mahler, el director puede leer, tranquilamente, 20 líneas al mismo tiempo e ir pasando páginas cada 20 segundos porque, claro está, con tanta información en cada página caben pocos compases.

Sin saber nada de lectura musical, una partitura nos puede aportar mucha información. Los códigos para descifrar lo que hay dentro del pentagrama son complicados, pero todo el resto de la información se pone con palabras «normales». Solo con un vistazo podemos leer el título de la obra y, a menudo, solo con el título ya sabremos si se trata de una obra larga o corta (si se titula sinfonía o se titula preludio), si es para un solo instrumento o para un grupo, o si requiere cantantes, qué carácter tiene (al inicio suele haber palabras que indican la velocidad a la que se tiene que interpretar la obra o el carácter que tiene que tener: *allegro, lento, con fuoco*…), quién es el autor (y con eso también tendremos información sobre la época de la obra), si tiene diferentes partes o una sola…

Y, para acabar, una cuestión terminológica: cuando una obra requiere de varios instrumentos o cantantes, recibe el nombre de *partitura* aquel ejemplar en el que están todas las líneas de todos los instrumentos, es decir, la partitura del director. En cambio, cada uno de los papeles que tiene enfrente cada instrumento o cada cantante, donde solo están las notas que tiene que interpretar aquel instrumento en concreto, recibe el nombre de *partichela* o *parte*. Se me ocurre un paralelismo: la partitura es como el libreto de una obra de teatro donde aparecen las intervenciones de todos los actores. La partichela, en cambio, sería un extracto en el que solo aparecieran las intervenciones de uno de los personajes, así cada personaje tendría su partichela particular. Pero me parece que eso, en el teatro, no sería muy útil.

64 / 100

¿CÓMO FUNCIONA UNA ORQUESTA?

Todas las orquestas, grupos de cámara, bandas y corales hacen lo mismo: ensayan las obras que tienen que interpretar y, una vez preparadas, dan el concierto. A partir de este funcionamiento general, hay particularidades: hay orquestas que ensayan todos los días (son orquestas con una programación estable y continuada) y hay otras que solo ensayan cuando tienen un concierto a la vista (orquestas con poca actividad). Hay grupos de cámara que solo se ven unos días antes del concierto y hay otros que, aunque no tengan audiciones programadas, ensayan a menudo para ir leyendo repertorio, ir buscando su sonido particular e ir andando kilómetros juntos que, en el fondo, es de lo que se trata, porque hacer música en grupo no es solo tocar las notas que hay en el pentagrama: es ir conociéndose, ir respirando al mismo tiempo e ir entendiendo la música de la misma manera.

Antes del ensayo, sin embargo, hay que hacer mucho trabajo. En primer lugar, alguien tiene que decidir qué obras se interpretarán. En segundo lugar, hay que buscar las partituras: si la orquesta tiene un buen archivo, posiblemente ya disponga de un ejemplar a punto para poner en los atriles, de lo contrario tendrá que comprarlas o alquilarlas (muchas obras con derechos de autor vigentes no están a la venta: se alquilan para cada interpretación). En tercer lugar, hay que darlas a los músicos un tiempo antes del primer ensayo para que puedan tocarlas y estudiarlas en su casa, prepararlas, digitarlas, frasearlas, poner los arcos y prever los giros de página. A veces se programan ensayos parciales, con las diferentes secciones de la orquesta por separado. Cuando la obra implica cantantes, sean solistas o sea un coro, seguro que el director querrá hacer ensayos específicos con ellos.

Cuando finalmente se junta toda la orquesta, los ensayos pueden durar entre tres y cuatro horas. Las orquestas que tienen una programación estable y continuada a lo largo del año acostumbran a tener fiesta los lunes, pero de martes a viernes ensayan cada mañana y, los fines de semana, dan dos o tres conciertos con las obras que han preparado durante la semana.

Estas orquestas también son las que tienen más clara la jerarquía entre los músicos y suelen organizarlos en tres categorías: los solistas, los ayudantes de solista y los *tutti*. Los solistas son los jefes de cada una de las secciones: el primer flauta, el primer trompa, el primer violonchelo… Los ayudantes (o asistentes) son los que se sientan a su lado y que ejercen de solista cuando es menester. Y los *tutti* son el resto de instrumentistas. Por encima de todos ellos está el *concertino*, el primer violín, el que se sienta junto al director justo a su izquierda. Cada categoría tiene un sueldo asignado, de manera que el que más cobra en una orquesta es el *concertino*; después, los solistas de cada instrumento; después, los ayudantes y, finalmente, el sueldo base que cobra el resto de miembros de la orquesta. En una orquesta sinfónica de 90 músicos hay 1 *concertino*, 13 solistas, 14 ayudantes de solista y 62 *tutti*.

65 / 100

¿QUÉ HACE EL DIRECTOR?

Que conste que pongo «director» en masculino porque este es un terreno copado aún al 90% por hombres. En las últimas décadas las mujeres han ido ocupando con toda normalidad plazas de instrumentistas en las orquestas, pero la tarima del director sigue siendo territorio masculino. El siglo XXI ha nacido con muchas mujeres abriéndose camino en esta especialidad y poco a poco se las va viendo más y más al frente de las orquestas, pero el mundo de la clásica es tan clásico que los cambios llegan muy lentamente.

El director es el responsable de la interpretación de una obra. Aquello que sonará será la versión de aquel director en concreto y será fruto de lo que aquel director haya podido extraer de la orquesta que tiene enfrente. Hay directores que son capaces de sacar petróleo de orquestas de nivel medio y otros que, con orquestas maravillosas enfrente, solo son capaces de hacer interpretaciones mediocres.

El común de los mortales no entendemos el trabajo de un director porque, en realidad, no lo vemos. Solo vemos a los directores en el momento del concierto y aquello es solo la culminación del trabajo hecho en los ensayos. Parece magia que con solo un gesto discreto de la mano izquierda el director sea capaz de bajar el volumen de toda la sección de cuerda… pero es un gesto que se ha previsto durante los ensayos y que los músicos saben interpretar porque lo han trabajado previamente.

Los ensayos sirven para que el director transmita a la orquesta cómo quiere interpretar aquella obra, explica sus criterios e intenta que todos los músicos capten su manera de entender la obra. Determina la velocidad de cada fragmento (la partitura solo dice *allegro* o *andante*), el volumen exacto de cada intervención (la partitura solo dice *forte* o *pianissimo*), controla los niveles sonoros de cada sección (si quiere que en un momento determinado se oiga más el oboe y menos los violonchelos, o que las trompetas suenen fuerte pero no tanto), marca el fraseo de cada fragmento (en qué momento se tiene que respirar y en qué momento se tiene que cambiar el movimiento del arco de los violines para que todos vayan al mismo tiempo), indica el carácter de cada pasaje (más destacado o más ligado, con más *vibrato* o menos, con furia o con delicadeza) y, en definitiva, coordina todo aquello que tiene enfrente para ajustarlo a su manera de entender la obra y realizar la interpretación que él quiere.

Para un director es importante ponerse a los músicos en el bolsillo desde el primer ensayo con un trabajo serio y coherente, alcanzar el liderazgo desde el primer momento y ganarse la credibilidad tanto con el dominio técnico (la gestualidad) como con las ideas musicales.

«Total: el director se pone ante la orquesta y mueve los brazos: ¡eso también lo sé hacer yo!» Sí, eso yo también sé hacerlo, pero la orquesta no sonará como yo quiero. Danzando ante la orquesta no conseguiré coordinar nada de nada.

Para alcanzar todos estos objetivos el director tendrá que exprimir su carisma, mostrar su personalidad y recurrir a toda la gestualidad posible: utilizará las manos, los brazos, la mirada, las piernas… Para dirigir bien una obra se requieren ensayos intensos, hay que explicar a los músicos cada gesto, hay que transmitirles el sentido de aquella interpretación y, sobre todo, se necesita la capacidad de extraer lo mejor de cada músico al servicio de la interpretación conjunta.

66 / 100

¿CON O SIN BATUTA?

Eso de la batuta, tal como la conocemos hoy día (una varita blanca y delgada de unos dos palmos de longitud que el director de orquesta sujeta con la mano y utiliza para hacer indicaciones a la orquesta), es un invento de finales del siglo XIX. Antes, las batutas eran más gruesas, incluso las había de marfil o madera con incrustaciones de diamantes, pero hasta entrado el siglo XIX muchos directores preferían dirigir con las manos directamente, sin batuta.

El origen de la batuta hay que buscarlo en la necesidad del director de la orquesta de marcar el ritmo de la música para que todos los intérpretes tocaran al mismo tiempo. Antiguamente era habitual que el director llevara el ritmo con el pie y, para que se oyeran bien sus golpes, incorporaban una suela metálica en el zapato. También fue de uso habitual un gran bastón (¡de hasta dos metros de altura!) con el que el director marcaba el ritmo dando golpes en el suelo. Una de estas megabatutas fue la causante de la muerte del gran compositor Jean-Baptiste Lully: el 8 de enero de 1687 estaba dirigiendo un concierto en honor al rey Luis XIV cuando uno de estos golpes de bastón, en lugar de chocar en el suelo, impactó sobre su pie; aquel golpe, dado con fuerza y pasión, le produjo una herida fea que, unas semanas después, se gangrenó. Le dijeron que el único remedio era la amputación, pero él se negó (Lully, aparte de músico, era bailarín). Murió el 22 de marzo.

Esta práctica de los «golpes de bastón» duró muchos años e incluso el filósofo Jean-Jacques Rousseau se refiere a ella en alguno de sus escritos (ya entrado el siglo XVIII) mostrándose abiertamente en contra, ya que, decía, a menudo se oía más el insistente bastón que la música.

Otra técnica de dirección muy habitual (y menos ruidosa) era la de dirigir desde el clavicémbalo (así dirigía Mozart sus óperas): el clave se situaba en un lugar visible por todos los músicos, el director se sentaba enfrente y combinaba el tocar y el dirigir levantando las manos cuando era necesario. De la misma manera, a partir de 1741, al frente de la Orquesta de Mannheim, Johann Stamitz puso de moda dirigir desde el lugar del primer violín o *concertino*: además de tocar su papel, miraba constantemente a los músicos, llevaba el ritmo con la cabeza y, de vez en cuando, dejaba de tocar y utilizaba el arco del violín como batuta.

Cuando las orquestas crecieron (ya en el siglo XIX) y la música se fue complicando, se hizo indispensable la figura del director, que, inicialmente, dirigía sin batuta. Se considera que Carl Maria von Weber fue uno de los primeros en dirigir con batuta: está documentado un concierto en Dresde en 1817 que causó bastante polémica por el bastoncillo que el director sujetaba en su mano. Él consideraba que así los músicos le podían seguir mejor y le veían mejor, ya que la iluminación de las salas era muy precaria. Unos años después ya había directores favorables a utilizar batuta, como Felix Mendelssohn o Ludwig Spohr, y Berlioz defendía su utilización en el libro *El director de orquesta*, de 1848.

Actualmente es práctica habitual que la música coral se dirija sin batuta y la orquestal con batuta. Pero cada vez son más los directores y directoras que escogen lo que les es más cómodo. Los hay que consideran que con las manos, directamente, se pueden expresar mejor y que, hoy día, gracias a los podios, a la amplitud de los escenarios y a la buena iluminación, todos los músicos pueden ver perfectamente las manos y no hace falta ninguna extensión. Pero también los hay que no sueltan la batuta ni un segundo: ¡no se puede abandonar el cetro de poder!

67 / 100

MÚSICA EN COLOR
Y MÚSICA EN BLANCO Y NEGRO

Una de las características de las obras musicales que mejor nos permite situarlas en el tiempo es la instrumentación que presentan, es decir, qué instrumentos se requieren para interpretarlas. Si una obra requiere un xilófono, por ejemplo, sabremos que no puede ser anterior a 1875, año en que Camille Saint-Saëns lo utilizó por primera vez en una orquesta (en la *Danza macabra*), o, si contiene violas de gamba, probablemente sea anterior a 1750, porque hacia aquella época ya se dejaron de utilizar.

Jugar con la instrumentación es uno de los recursos más explotados por los compositores y, claro está, unos lo han hecho con más gracia y otros con menos. En la época del Barroco las posibilidades de colorear la música eran más limitadas porque las orquestas contaban solamente con dos flautas, dos trompas, unos timbales y poco más. Pero poco a poco las orquestas fueron incorporando timbres nuevos: fagotes, clarinetes, trompetas, triángulo, caja, bombo…

Uno de los grandes instrumentadores del siglo XIX fue el ruso Nikolai Rimski-Kórsakov: tenía en frente una orquesta numerosa y variada (la orquesta sinfónica del Romanticismo, aparte de los instrumentos de cuerda frotada, ya incluye flautas, oboes, clarinetes, fagotes, trompas, trompetas, trombones, una extensa sección de percusión, arpa…). Los colores que Rimsky-Kórsakov era capaz de extraer de este laboratorio sonoro eran originales y muy variados. Una de sus obras más coloristas es el poema sinfónico *Scheherezade*, en el que relata musicalmente algunos episodios de los cuentos de *Las mil y una noches*. A lo largo de la obra juega constantemente con los diferentes timbres de que dispone: a veces la melodía la hace el violín, después pasa al clarinete, la recupera el fagot, pasa a un dúo de violonchelo y oboe, salta a las trompetas... ¡un auténtico calidoscopio sonoro!

Uno de los grandes retos de los compositores cuando escriben solo para piano es, precisamente, este: conseguir también diferentes colores en un instrumento que, en principio, solo presenta el blanco y el negro. Para extraer diferentes colores del piano se requiere un buen compositor pero, sobre todo, se requiere un excelente intérprete.

Hay muchos compositores que escriben primero en blanco y negro (para piano) y después instrumentan la obra, es decir, le dan color transcribiéndola para orquesta. Uno de los genios utilizando esta técnica fue el francés Maurice Ravel. Una de sus obras más famosas, *Cuadros de una exposición*, es una instrumentación de una obra para piano solo original del ruso Modest Mussorgsky. Ravel la coloreó con una orquesta que requiere 24 instrumentos de viento (incluido un saxo), 12 de percusión, dos arpas y una sección completa de cuerda.

Pero también ha habido autores empeñados en hacerlo al revés: en hacer versiones para piano solo de obras orquestales llenas de colores. ¡El gran virtuoso Franz Liszt no paró hasta que transcribió para piano las nueve sinfonías de Beethoven! Las tocaba en sus recitales, junto a oberturas de óperas y de otras transcripciones, consciente de que en aquella época al público le era muy difícil acceder a conciertos sinfónicos. Así que dar a conocer música sinfónica en la versión que se conoce como *reducción para piano* era una opción muy válida.

68 / 100

¿CUÁNTOS MÚSICOS FORMAN UN GRUPO DE CÁMARA?

Pues con dos hay suficiente. Un dúo ya es un grupo de cámara. La discusión está en el número máximo: hay quien considera que una docena de músicos ya es una orquesta y hay quien cree que solo se puede llamar orquesta a un grupo que cuente, mínimo, con 20 músicos. La gracia de la discusión es que ha generado neologismos tan simpáticos como *conjunto de cámara*, *pequeña orquesta* o el que ha triunfado más: *conjunto instrumental*.

La música de cámara se llama de cámara porque se podía interpretar en las cámaras de música de las casas nobles y de los palacios. Estas habitaciones solían contar con un clavicémbalo, o un piano, y suficiente espacio para acoger a tres, a cuatro o quizás a ocho músicos. Pero no muchos más. Así pues, toda aquella música que se puede interpretar con pocos músicos se denomina *música de cámara*. Lo más habitual era que los grupos instrumentales estuvieran formados por tres miembros (el trío clásico: piano, violín y violonchelo) o cuatro (el cuarteto clásico: dos violines, viola y violonchelo), pero a veces se requerían formaciones peculiares, como la del *Quinteto «La trucha»*, de Schubert (violín, viola, violonchelo, contrabajo y piano); los *Sextetos* de Brahms (dos violines, dos violas y dos violonchelos); el *Septeto* de Beethoven (violín, viola, violonchelo, contrabajo, clarinete, trompa y fagot); el *Octeto* de Mendelssohn (dos cuartetos de cuerda juntos), o el *Noneto* del catalán Robert Gerhard (flauta, oboe, clarinete, fagot, trompa, trompeta, trombón, tuba y acordeón).

Los grupos con más de nueve miembros, pero que no llegan a un número suficiente para que el compositor ose llamarlo *orquesta*, reciben nombres diversos, en función de la imaginación del autor:

obra para pequeña orquesta, para conjunto instrumental, para grupo de cámara, etcétera. Aquí van algunos títulos simpáticos: el gaditano Manuel de Falla es autor de un *Concierto para clavicémbalo y cinco instrumentos*, el gerundense Xavier Montsalvatge tiene una obra titulada *Concertino 1+13* que requiere 14 instrumentos de cuerda (uno de ellos, el violín solista) y una de las obras más famosas del siglo XX, del húngaro Béla Bartók, lleva por título *Música para cuerda, percusión y celesta* y requiere un mínimo de 18 intérpretes. Fue dedicada a la Orquesta de Cámara de Basilea, otro de los neologismos del siglo XX: antes una orquesta era una orquesta, más o menos grande, pero ahora si no hablamos de orquesta sinfónica (mínimo de 40 miembros más o menos), la llamamos orquesta de cámara. Aunque está claro que ninguna de las modernas «orquestas de cámara» cabría en el salón de música de los príncipes de antaño.

69 / 100

COROS, ORFEONES Y ESCOLANÍAS

La diferencia entre un orfeón y un coro está, únicamente, en el nombre. Ambas son agrupaciones con gente de ambos sexos que se dedican a cantar y, por lo tanto, cuentan con la presencia de los cuatro tipos de voces canónicas dispuestas por tesituras: sopranos, contraltos, tenores y bajos. La diferencia entre los tipos de coro está en su composición: los que hemos descrito más arriba se llaman *coros mixtos*, pero también están los *coros femeninos*, los *coros masculinos* y los *coros de voces blancas* o *escolanías*, principalmente formados por niños y niñas. Entre estos últimos, el más famoso es de los Niños Cantores de Viena, activo desde 1924, aunque sus orígenes se remontan a 1498. En nuestro país destacan la Escolanía de Montserrat (citada ya en textos del siglo XII) y la de El Escorial (citada en 1567 y reactivada en 1974).

Tradicionalmente, los orfeones son agrupaciones muy numerosas, aunque también hay coros multitudinarios y corales gigantescas. La palabra *orfeón* proviene de Orfeo, el poeta y músico de la mitología griega capaz de amansar las fieras tocando su lira. Los orfeones, atendiendo a su etimología, tienen como misión ayudar a restablecer el orden órfico, es decir, la armonía entre todos los seres del planeta, que no es poca cosa. Y lo hacen a través del canto.

Grupos de gente que canta los hay por todo el mundo, pero en España es muy común que, cuando se junta un grupo de gente con ganas de hacer música, poco después se acabe fundando un orfeón o un coro. A finales del siglo XIX, y coincidiendo con la expansión del movimiento coral impulsado en Cataluña por Josep Anselm Clavé (con el ánimo de acercar la cultura y la moral a los obreros a través de los Coros de Clavé), se fundaron en diferentes poblaciones muchos orfeones: se trataba inicialmente de grupos corales formados por hombres que no solamente tenían como objetivo hacer música, sino que también ofrecían un componente social importante con reuniones, fiestas, manifestaciones y, en algunos casos, actividades políticas. Este fenómeno de la socialización asociada a la música fue muy habitual en las formaciones corales europeas durante la época del Romanticismo: no se trataba solamente de cantar, sino también de reunirse con otra gente por afinidades y de crear vínculos vecinales y sociales con la música como excusa. Destacan en aquella época la fundación del Orfeón Mahonés (1890), el Pamplonés (1890), el Català (1891), el Burgalés (1893) o el Donostiarra (1897).

El movimiento coral arraigó con fuerza y se extendió como una mancha de aceite. Ya en el siglo XX se prefirió la denominación *coro* o *grupo coral*, aunque, se llamen como se llamen, todos hacen lo mismo: cantar, cantar y cantar.

70 / 100

CUANDO SOPLA EL VIENTO

La orquesta de cuerda y su posterior ampliación con instrumentos de viento y percusión hasta convertirse en orquesta sinfónica es el conjunto instrumental que ha tenido más prestigio en la música clásica. Ha habido a lo largo de la historia otras agrupaciones que también han tenido éxito, pero la que ha acabado triunfando en la música clásica es la orquesta.

Uno de los grupos instrumentales que ha disfrutado de más presencia (pero no de prestigio «clásico») ha sido la orquesta de instrumentos de viento o banda. Asociada a su función militar y caracterizada por su potencia sonora (está pensada para tocar en la calle, en espacios abiertos) la banda siempre ha tenido en el mundo clásico una consideración de orquesta de segunda fila. Pero a finales del siglo XIX y principios del XX las bandas fueron incorporando a su repertorio obras de concierto, no solamente marchas, himnos y música festiva o conmemorativa. En la Comunidad Valenciana la presencia de bandas es un fenómeno singular: a lo largo del siglo XX han ido apareciendo por docenas y no hay pueblo o ciudad que no cuente con su banda o sus bandas. Actualmente, la Federación de Sociedades Musicales de la Comunidad Valenciana tiene censadas más de mil. Y, aunque empezaron con el ánimo de interpretar la música popular propia de las festividades locales (con las famosas marchas de moros y cristianos), actualmente todas incorporan a su repertorio música clásica.

La Banda Municipal de Barcelona es un buen ejemplo de este fenómeno: durante muchos años fue garante de la divulgación musical en un país donde las formaciones sinfónicas eran escasas y el repertorio internacional (clásico o contemporáneo) costaba mucho de difundir. La Banda ponía en sus atriles las mejores obras clásicas, románticas, contemporáneas y populares de la historia, originales para banda o arreglos específicos para la formación. Gracias a esta política, el público podía oír obras de Beethoven, Mendelssohn, Brahms, Chaikovski, Strauss…

El gran artífice del éxito de la Banda de Barcelona fue Joan Lamote de Grignon, quien, al asumir la dirección en 1914, la reorganizó completamente ampliándola hasta los 85 miembros y dotándola de unas estructuras profesionales y de una personalidad artística que hizo que pronto se convirtiera en un conjunto de referencia internacional. Una de las singularidades de esta formación (planteada por familias completas de instrumentos de viento) fue la incorporación, a finales de 1921, de una sección de chirimías consistente en un tible y dos tenoras, instrumentos típicos de la música popular catalana con unas prestaciones «clásicas» notables y un timbre característico. La inclusión de estos instrumentos se puede leer desde dos perspectivas complementarias: por una parte, eran solistas en las composiciones de música catalana aportando el timbre característico que evoca valores intangibles (danza, tradición, fiesta) y, al mismo tiempo, presentaban un sonido brillante que podía compensar la opacidad propia de los instrumentos de caña simple (clarinetes y saxos) en busca de una tímbrica más luminosa. A finales de los años setenta también se incorporó el *flabiol*, la pequeña flauta propia de la música popular catalana.

71 / 100

¡OTRA! ¡OTRA!

Si acaba el concierto y el público aplaude insistentemente es posible que los artistas ofrezcan la interpretación de una pieza más que no estaba prevista en el programa. El bis o la propina se consideran una muestra de agradecimiento de los artistas hacia los aplausos del público. Los aplausos, sin embargo, tendrían que ser sonoros, fervorosos, largos, intensos y sinceros… porque también se da el caso de artistas que atacan el bis cuando solo aplaude la mitad del público por educación y compromiso.

El bis tiene su ritual: ha acabado el concierto y los músicos saludan y se marchan del escenario; como el público aplaude mucho, vuelven a entrar y saludan; se marchan de nuevo, pero el público es insistente y sigue aplaudiendo; entonces los artistas aparecen de nuevo sobre el escenario, se miran, hacen como que hablan entre ellos (parece que se pongan de acuerdo para decidir alguna cosa, cuando en realidad ya lo llevan decidido desde antes de empezar el concierto), el público sigue aplaudiendo y milagrosamente se crea un coordinadísimo ritmo binario de palmas que va acelerando; finalmente, los músicos se sientan de nuevo en las sillas y tocan una pieza más (una propina) o repiten alguna de las que ya han tocado durante el concierto (un bis).

En el mundo de la ópera, los bises no se ofrecen al final de la función, después de caer el telón, sino que se hacen a mitad de la obra si el cantante o la cantante de turno reciben una ovación monumental que no se detiene y que impide al director proseguir con la interpretación. A veces, sin embargo, el bis no se interpreta, ya que el tenor o la soprano no se ven con ánimos de volver a cantar aquella aria por miedo de forzar la voz y no poder acabar la ópera con dignidad. A menudo la decisión recae en la dirección artística del teatro: hay muchos teatros de ópera que tienen prohibido hacer bises para no tener que afrontar veladas operísticas interminables.

Aquí va un bis que ha pasado a la historia: en octubre de 1904, el director de la orquesta del Concertgebouw, de Ámsterdam, Willem Mengelberg, invitó a Gustav Mahler a la sala holandesa a dirigir su *Sinfonía n.º 4*. Bajo la dirección de Mahler, se interpretó la obra (de casi una hora de duración) y ante los aplausos enfervorizados del público Mengelberg subió al podio y volvió a dirigir la sinfonía entera de cabo a rabo.

Otro, esta vez operístico: el 7 de febrero de 1792 el Burgtheater, de Viena, estrenó *Il matrimonio segreto*, de Domenico Cimarosa, y al emperador Leopoldo II le gustó tanto la ópera que ofreció un refrigerio a los cantantes, y después les pidió que repitieran la ópera entera.

DE AUDITORIOS Y FESTIVALES

72 / 100

MUSIKVEREIN, PHILARMONIE Y CONCERTGEBOUW

Hay teatros y auditorios por todo el planeta con un gran prestigio dentro del mundo de la música clásica. Su reputación es debida a varios factores: algunos la tienen por la sonoridad, otros por la historia que se ha vivido allí, por los estrenos que se han celebrado, por los músicos que han actuado, por la orquesta que acogen habitualmente... o por todo ello.

Uno de los auditorios más prestigiosos es el Musikverein, de Viena. Seguro que todos lo conocemos porque desde allí se retransmite cada 1 de enero el Concierto de Año Nuevo en todas las televisiones del mundo: se trata del concierto con más audiencia potencial del año (supera los mil millones de telespectadores), se celebra ininterrumpidamente desde el año 1941 y, entre las obras que se interpretan, nunca faltan *El Danubio azul* (de Johann Strauss hijo) ni la *Marcha Radetzky* (de Johann Strauss padre). El Musikverein es la sede de la Orquesta Filarmónica de Viena (que muchos consideran la mejor del mundo) y la programación que ofrece cada temporada incluye las figuras más relevantes del mundo de la clásica, tanto solistas como directores, coros y orquestas invitadas. El edificio se inauguró en el año 1870 e incluye seis salas de conciertos de diferentes dimensiones. La sala sinfónica (también conocida como Sala Dorada) ofrece unas 2.000 localidades (300 de pie) y se considera que tiene una de las mejores acústicas del mundo.

700 kilómetros al norte de Viena, prácticamente el línea recta pasando por Praga y Dresde, encontramos otra de las grandes salas de conciertos del planeta: la Berliner Philarmonie, sede de la Orquesta Filarmónica de Berlín. El edificio fue inaugurado en el año 1963 y,

en su momento, significó un impacto por su modernidad. La sala sinfónica tiene forma de pentágono y el escenario está exactamente en medio de la sala. Las 2.440 butacas se disponen en torno al escenario, en diferentes alturas y direcciones, y también disfruta del prestigio de contar con una sonoridad impecable. La sala se encuentra en la calle Herbert von Karajan, en honor al director que más tiempo estuvo al frente de la Filarmónica de Berlín: de 1954 a 1989.

Y desde Berlín, también en línea recta, 1.200 kilómetros hacia el oeste, llegaremos a Ámsterdam, que acoge otro de los auditorios indispensables en el Olimpo de la música clásica: el Concertgebouw. Se inauguró en 1888 y dio pie a la fundación, unos meses más tarde, de la Real Orquesta del Concertgebouw, formación que desde entonces es la orquesta residente. La sala sinfónica tiene 2.000 localidades y, aunque inicialmente su sonoridad no era ideal, se han ido realizando intervenciones que la han convertido en una de las salas sinfónicas con mejor acústica del planeta.

73 / 100

EL LICEO, EL PALAU Y EL AUDITORIO

Barcelona es famosa en todo el mundo por muchas cosas, pero no ha llegado nunca a consolidarse como un referente por la música que ofrece. Y eso que música, en Barcelona, suena mucha y de todo tipo. En el terreno de la música clásica, sin embargo, la capital catalana no aparece en el *top* 10 mundial aunque cuenta con tres escenarios que disfrutan de un prestigio notable: el Liceu (inaugurado en 1847), el Palau de la Música (inaugurado en 1908) y el Auditori (inaugurado en 1999).

El Liceu tiene un prestigio consolidado en el mundo de la ópera. Es considerado uno de los teatros importantes en Europa, y a menudo sí ha sido incluido en el *top* 10 mundial, pero a lo largo de su historia ha sufrido muchos altibajos. Está situado en La Rambla, centro neurálgico de la ciudad, y durante muchos años fue el teatro de ópera con más aforo de Europa (casi 2.300 localidades). A lo largo de los más de 170 años de su historia ha sufrido varios desastres, pero siempre ha renacido: en el año 1861 se incendió, en 1893 un anarquista hizo estallar una bomba (murieron 20 personas) y en 1994 sufrió otro incendio que lo destruyó por completo. En aquella ocasión se decidió reconstruirlo y se modernizó: se reinauguró en 1999. Las dos óperas que más veces se han representado son *Aida* y *Rigoletto* (las dos de Verdi), pero también acoge representaciones de ballet, de zarzuela, de música sinfónica y conciertos de todo tipo, incluidos grupos y cantantes de música pop.

Cruzando La Rambla, un poco más allá de la catedral, está el Palau de la Música Catalana, un edificio modernista sede del Orfeó Català, con un gran prestigio en el mundo de la música clásica, tanto coral como sinfónica y de cámara. En el año 1997 la UNESCO lo declaró Patrimonio de la Humanidad. Durante 100 años ha sido el centro indiscutible de la música en la capital catalana: ha acogido, entre otras formaciones, la Orquesta Pau Casals (1920-1937) y la Orquesta Municipal de Barcelona —después denominada OCB y después OBC— (1944-1999). Han actuado los mejores solistas, directores y orquestas del mundo y se han celebrado estrenos de obras tan internacionales como las *Goyescas*, de Enric Granados; el *Concierto para clavicémbalo*, de Manuel de Falla; el *Concierto para violín «A la memoria de un ángel»*, de Alban Berg, o el *Concierto de Aranjuez*, de Joaquín Rodrigo. La frase «hoy tengo Palau» hizo fortuna tanto entre los músicos cuando tenían que ir a tocar al Palau como entre el público cuando tenían entradas para el concierto de aquel día.

El Auditori es el edificio musical más moderno de la ciudad, cuenta con cuatro salas de conciertos, es la sede de la Orquesta Sinfónica de Barcelona y Nacional de Cataluña, de la Banda Municipal de Barcelona y también acoge el Museo de la Música y la Escuela Superior de Música. Cuando se inauguró solo estaba en funcionamiento la sala sinfónica (Sala Pau Casals) con 2.200 localidades, pero con los años se fue abriendo el resto de equipamientos. La primera obra que sonó fue la *Fanfaria*, de Joan Guinjoan, escrita para la ocasión, que precedió a obras de Wagner, Falla, Toldrà, Pau Casals y al *Concerto breve*, de Montsalvatge, con Alicia de Larrocha como solista (bueno: yo estaba allí y la primera obra que sonó fue el himno de España, porque estaba el rey entre los invitados, pero no constó en programa). A pesar de ser una institución muy nueva, el Auditori se ha ido posicionando entre los centros musicales europeos de primer nivel con una programación muy diversa.

74 / 100

AMÉRICA DE CABO A RABO

La música clásica es uno de los inventos europeos que los colonizadores de América se llevaron hacia allí como un elemento más para imponer la «civilización» en aquellas tierras. Tanto si su afán era modernizar como cristianizar o simplemente enriquecerse, la música clásica les acompañó y les sirvió como símbolo de la elevada cultura del hombre blanco. En los palacios y palacetes que los europeos fueron construyendo a lo largo y ancho del continente americano durante los siglos XVII y XVIII no faltaban las fiestas con música clásica europea, con danzas de salón y con instrumentos como el violín, el oboe o el clavicémbalo (y más tarde el piano), como si el concierto se estuviera celebrando en Versalles, Londres o Madrid.

El primer gran teatro americano dedicado a la ópera fue El Coliseo de La Habana, en Cuba, inaugurado en 1775. Poco a poco se fueron abriendo teatros tanto para acoger ópera como conciertos de música clásica, a la vez que se iban fundando orquestas sinfónicas. Una de las más antiguas es la Filarmónica de Nueva York (1842), la primera del selecto grupo de cinco orquestas norteamericanas conocido como Big Five, que completan la de Boston (1881), la de Chicago (1891), la de Filadelfia (1900) y la de Cleveland (1918). En México también tuvo un actividad importante la orquesta del conservatorio (fundada en 1881) que posteriormente se convertiría en la Sinfónica Nacional, y en otros países, aunque no se consolidaron los proyectos de formaciones sinfónicas estables hasta el siglo XX, se promovió la actividad concertística a través de entidades, como la Sociedad Filarmónica de Bogotá (1846-1857), en Colombia.

Entre los auditorios más prestigiosos de América está el Met (Metropolitan Opera House de New York), ubicado en el Lincoln Center, que acoge la compañía Metropolitan Opera, fundada en 1880. El edificio se inauguró en el año 1966 y cuenta con cerca de 4.000 localidades. Es, sin duda, uno de los teatros de ópera de referencia a nivel mundial. La ciudad de los rascacielos también cuenta con el Carnegie Hall, uno de los escenarios con más prestigio de la música clásica. La sala sinfónica, actualmente denominada Auditorio Isaac Stern, tiene 2.800 localidades, y fue inaugurada en 1891. El edificio ha cambiado de propietario en varias ocasiones e incluso ha estado a punto de ser derribado, pero la presión popular lo ha mantenido en pie (en los años sesenta el gran violinista Isaac Stern lideró un movimiento popular para salvar el edificio).

Como auditorio de gran prestigio en Estados Unidos, también destaca el Symphony Hall, de Boston, sede de la Sinfónica de Boston, construido en el año 1900. Cuenta con 2.600 localidades y los expertos aseguran que su sonoridad es equiparable a la del Musikverein, de Viena.

De los teatros centroamericanos destaca el Auditorio Nacional de México, con 10.000 localidades disponibles (fue construido en 1952 para hacer espectáculos ecuestres y, posteriormente, remodelado en varias ocasiones). Y de los teatros sudamericanos destaca especialmente el Teatro Colón de Buenos Aires, considerado uno de los referentes de la ópera a nivel mundial. Fue inaugurado en 1908 y por él han pasado los mejores cantantes y batutas del mundo operístico del siglo XX. Cuenta con 2.500 butacas y espacio para 500 espectadores más de pie.

75 / 100

LAS IGLESIAS: CAJAS DE MÚSICA

Durante siglos, los principales auditorios para escuchar música fueron las iglesias. El acceso a la música de concierto, a la música de cámara o a la ópera estaba restringido a los nobles y a las clases acomodadas. Pero era una época (larga época) en la que la Iglesia como institución tenía muy claro que, si se hacía música en su territorio, esta tenía que ser música sacra, música para alabar a Dios: no valía interpretar sinfonías, divertimentos, suites de danzas y mucho menos óperas. Así que los auditorios-iglesia (hasta el siglo XIX) fueron cajas de música religiosa. Pero de vez en cuando les colaban algún gol, como en el caso de las conocidas como sonatas *da chiesa* (de iglesia), de Arcangelo Corelli, obras puramente instrumentales (por lo tanto, sin ningún texto religioso) que se interpretaban en algún momento de los oficios religiosos y que, de hecho, son música pura, desvinculada de cualquier intencionalidad religiosa, como lo son la mayor parte de las obras para órgano solo que se interpretaban también durante los oficios y que el organista de turno acostumbraba a improvisar.

Johann Sebastian Bach vivió en sus carnes esta situación: durante los años en que sirvió a la corte calvinista de Köthen, se le prohibió escribir música religiosa (de aquella época son la mayor parte de obras de concierto de Bach: las *Suites para violonchelo*, los conciertos para violín, las suites de danzas…) y, en cambio, durante los años que trabajó en Leipzig, tenía que componer toda la música religiosa imaginable para cubrir el calendario litúrgico. Si escribía alguna obra «profana», tenía que buscar un lugar donde estrenarla, porque la iglesia de Santo Tomás solo le permitía interpretar las obras sacras. Fruto de esta restricción musical, las autoridades eclesiásticas se permitían criticar algunas obras religiosas si las consideraban demasiado parecidas a la música operística, como fue el caso de la *Pasión según san Mateo* de Bach, el *Stabat Mater* de Pergolesi o las *Misas* de Mozart.

Cada iglesia tiene su sonoridad particular y por eso los órganos tubulares que hay en muchas de ellas se construyen específicamente para el lugar donde tienen que ser instalados. No tiene nada que ver la resonancia de una catedral gótica (con una nave central de 30 metros de altura) con la de una iglesia modesta. He ahí por qué la música más adecuada para ser escuchada en una iglesia es aquella que se ha escrito para ser tocada en aquella iglesia en concreto. Una circunstancia en la que no hace falta insistir mucho porque, si no, tendríamos que viajar muchos kilómetros cada vez que quisiéramos escuchar una obra de Bach, Händel, Bruckner o Messiæn escritas específicamente para las iglesias de Leipzig, Londres, Viena o París.

El hecho de escribir para una sonoridad en concreto, para un espacio en concreto, es un elemento que los compositores tenían muy presente y lo ponían en práctica tanto cuando componían música para órgano como con las cantatas y otras obras para orquesta y coro. Por eso es muy habitual que en las interpretaciones modernas de música religiosa se adecuen los efectivos a la sonoridad que se busca, ampliando el número de instrumentos de la orquesta o de los cantantes del coro.

76 / 100

CONCIERTOS EN LA PLAYA, EN EL ESTADIO O EN EL CASTILLO

Mahoma nunca dijo aquello de «si la montaña no viene a mí, yo voy a la montaña», pero la frase ha hecho fortuna y, en la música clásica, se aplica (del revés) con total tranquilidad: si el público no va a los auditorios a escuchar Beethoven, llevaremos a Beethoven allí donde esté el público. Sin olvidar, claro está, que para llevar a Beethoven arriba y abajo hace falta una infraestructura notable.

Históricamente, las orquestas fueron creciendo a medida que los auditorios fueron aumentando en capacidad de público: cuando los conciertos se daban en las cámaras de los nobles, bastaba con 10 o 12 músicos; cuando se hacían en teatros con capacidad para 300 personas, bastaba con 30 o 40, pero cuando los teatros empezaron a acoger a más de mil personas, las orquestas crecieron en potencial sonoro y ya necesitaron contar con 80 músicos. Y si desde entonces los conciertos se celebran en auditorios es porque son edificios pensados para optimizar el sonido de todo aquello que vibra sobre el escenario. Sin micrófonos: con sonido natural.

¿Qué pasa cuando sacamos una orquesta del auditorio y la llevamos, por ejemplo, a la playa? Pues que la humedad dificulta mucho la interpretación, que el sonido de la orquesta se extiende de forma incontrolada a tres metros del escenario y que el sonido ambiente dificulta el necesario silencio para que los músicos se oigan bien entre ellos. Pero alguien ha decidido llevar a Beethoven a la playa porque allí hay gente, mucha gente, y hay que hacer que aquello suene bien. Pues la solución existe: el escenario se cubre con una pantalla acústica (estas grandes estructuras curvas que vemos en todos los conciertos al aire libre) y se ponen micrófonos a lo largo y ancho del espacio, más una mesa de sonido a 40 metros de la orquesta. Listos: Beethoven ya puede sonar a todo trapo y Mahoma se puede sentar tranquilamente a escuchar.

Una de las grandes producciones de este tipo fue el espectáculo *Los tres tenores*, que entre 1990 y 2003 celebró 34 conciertos por todo el mundo siempre en sitios con gran capacidad de público: estadios de fútbol, de béisbol, parques públicos, etc. Los protagonistas (Luciano Pavarotti, Josep Carreras y Plácido Domingo) ofrecían un repertorio de arias de ópera y canciones populares y el éxito fue indiscutible. También recibieron críticas porque la amplificación, la microfonía, no permitía disfrutar del sonido real ni de la orquesta ni de las voces, pero se consideró un mal menor teniendo en cuenta que gracias a este espectáculo pudieron llegar a miles y miles de personas (y alguien movió miles y miles de duros).

El hecho de sacar la música clásica de sus espacios habituales es una práctica creciente y, en algunos casos, muy acertada. En los últimos años se han abierto espacios singulares para dar conciertos, como castillos, palacetes, casas rurales, bodegas, jardines... Algunos de ellos tienen unas condiciones acústicas y de espacio para el público ideales y, otros... no tanto. Pero la idea de acercar la música clásica a un público que no es el habitual tiene un gran aliado en estos nuevos escenarios siempre que no requiera mover montañas enteras.

En cierta ocasión el director de la Banda Municipal de Barcelona, durante un concierto que la formación ofrecía en un lugar completamente inadecuado (justo en medio de una pequeña plaza rodeada de tráfico constante), se dirigió a los músicos con estas palabras: «Señores, toquen *piano* porque si no el público no podrá escuchar debidamente el ruido de los autobuses.»

77 / 100

DE SALZBURGO A EDIMBURGO

En Europa hay festivales de música clásica por todas partes, especialmente en verano, pero algunos han adquirido un prestigio indiscutible. Uno de los más antiguos es el de Londres, conocido como The Proms (de *promenade concerts*: los paseos musicales). Empezó en el año 1895 con la idea de ofrecer conciertos veraniegos para todos los públicos, con un repertorio popular y entradas muy asequibles. Los conciertos se dan todos los días (el festival de 2017 programó conciertos durante 58 días seguidos) y principalmente se celebran en el Royal Albert Hall, con más de 5.500 localidades, y muchos de ellos los retransmite la BBC, que es quien organiza el festival desde 1927.

En las islas Británicas también es relevante el Festival de Edimburgo, inaugurado en 1947, y que cuenta con una programación muy variada de teatro, ópera y música clásica. Los espectáculos se celebran por toda la ciudad, en recintos abiertos y cerrados y, en las mismas fechas, se celebra el famoso Fringe, un festival alternativo de artes escénicas (danza, teatro, circo, performances...), en el que tienen cabida grupos amateurs y estrenos de espectáculos experimentales.

Otro de los festivales prestigiosos de Europa es el de Salzburgo: empezó en 1920, el gran director Herbert von Karajan lo reimpulsó en los años sesenta y, aunque siempre ha tenido como protagonista la música de Mozart (el salzburgués por excelencia), es un festival abierto a todo tipo de repertorio. También destaca el Festival de Praga, que se celebra en primavera desde 1946: el concierto inaugural siempre se da el 12 de mayo, fecha en que murió Smetana, el «padre» de la música clásica checa. Y mencionemos también el Festival de Lucerna, en Suiza, activo desde 1938 y que cada año invita a las mejores orquestas y directores del mundo.

En Francia destaca el Festival Lírico d'Aix-en-Provence, inaugurado en 1948 con la ópera *Così fan tutte*, de Mozart, que poco a poco ha ido consolidándose como una de las citas indispensables de la ópera en Europa, tanto por la programación artística como por su vertiente pedagógica. Otros festivales operísticos indispensables son el de Verona (fue inaugurado en 1913 y celebra sus representaciones en la arena del anfiteatro romano del siglo I, con una capacidad para más de 20.000 espectadores) y el de Bayreuth, donde solo se interpretan las óperas de Wagner, y no todas: solo las 10 que entran dentro del llamado *canon de Bayreuth*, que descarta las tres primeras obras del autor. El Festival de Bayreuth celebra las representaciones en el teatro que el mismo Wagner hizo construir, con 1.900 localidades, que se inauguró en agosto de 1876 con la interpretación de las cuatro óperas que conforman la tetralogía denominada *El anillo del nibelungo*. En días sucesivos, naturalmente.

78 / 100

DE SANTANDER A GRANADA
PASANDO POR LA COSTA BRAVA

La tradición de los festivales de música clásica en España no tiene tanta solera como en Europa, pero poco a poco se han ido reproduciendo y ahora ya es difícil encontrar una provincia que no tenga, como mínimo, un par de festivales dignos. El Festival Internacional de Santander es de los más prestigiosos y ofrece música sinfónica, de cámara, antigua y ballet; empezó en 1952, primero en la plaza Porticada y, desde 1991, en el Palacio de Festivales, un auditorio con tres salas, la mayor de ellas con capacidad para cerca de 1.700 personas. Sin movernos de la costa del mar Cantábrico, encontraremos el festival más antiguo, la Quincena Musical de San Sebastián, que desde 1939 llena de música de todo tipo diferentes escenarios de la ciudad. Durante los primeros años se daban todos los conciertos en el Teatro Victoria Eugenia (con unas mil localidades), pero poco a poco se fueron abriendo a otros escenarios. Actualmente los grandes conciertos se celebran en el auditorio Kursaal, con capacidad para 1.850 personas.

Si nos desplazamos hacia el sur, haremos parada en el Festival de Segovia, que desde 1976 ofrece en julio música clásica, pero también góspel, música coral, flamenco y danza. Los conciertos se celebran en teatros, pero también en edificios históricos, como la catedral o el alcázar, y en lugares singulares como patios y jardines de casas señoriales. En la Comunidad de Madrid se celebra desde 1987 un festival descentralizado (Clásicos de Verano) que lleva conciertos a iglesias, monasterios y castillos de más de 50 municipios de la zona, algunos de ellos con poquísima población, como Aoslos, La Hiruela o Torremocha de Jarama. También es destacable el Festival de San Lorenzo de El Escorial.

Y más al sur todavía encontramos el Festival de Música y Danza de Granada, que desde 1952 ofrece sus espectáculos en los patios de La Alhambra, en los jardines del Generalife, en el Palacio de Carlos V, en el Patio de los Mármoles del Hospital Real, y en otros espacios monumentales.

Y, si echamos una ojeada rápida a los festivales que se celebran en Cataluña, destacamos media docena que empezaron como festivales de música clásica, pero algunos de ellos (especialmente los de la Costa Brava) han ido abriendo la oferta a otros géneros musicales: el de Cadaqués empezó en 1971, el de Torroella de Montgrí en 1981, el de la pequeña población de Llívia también en 1981, el del Castell de Peralada en 1987, el Festival Internacional Pau Casals de El Vendrell (este sí se mantiene fiel a la clásica y a la memoria del insigne violoncelista de El Vendrell) empezó también en el año 1981 y, finalmente, mencionamos un festival muy joven, iniciado en 2011, el Festival de Pascua de Cervera, dedicado a la música clásica catalana, que en sus primeras ediciones homenajeó cada año a un compositor en concreto como Granados, Toldrà, Mompou, Casals o Manén.

79 / 100

LOS *FRIKIS*:
DE LA SACRA A LA CONTEMPORÁNEA

Hace treinta o cuarenta años, plantear conciertos de música antigua con violas de gamba, clavicordios y tiorbas era una locura: iban los cuatro entendidos de turno y punto. Pero poco a poco la música antigua ha ido ganando adeptos, se ha ido difundiendo y, de los cuatro *frikis* de hace unos años, hemos pasado a un público potencial bastante numeroso. Quizás la música antigua sea el ejemplo más claro de un tipo de música que estaba encerrado en su «gueto» pero que ha sabido salir y llegar al público general. Actualmente hay festivales de música antigua por todas partes y todos los auditorios programan su ciclo de música antigua de forma totalmente normalizada.

Pero *frikis*, aficionados monotema, siempre habrá, y en esto de la música clásica, la variedad es notable: hay fans incondicionales de Wagner y para ellos no hay nada en el mundo que les llene más que asistir, ni que sea una vez en la vida, al Festival de Bayreuth, donde solo se interpretan las obras del autor alemán. O apasionados por Chopin: nada mejor que el Festival Chopin de Valldemossa (la localidad mallorquina donde el pianista romántico y George Sand pasaron unos meses), que desde 1930 ofrece recitales de piano dedicados a la música chopiniana. O los enamorados de Schubert, que pueden ir cada verano desde hace 25 años a la Schubertíada de Vilabertran, cerca de Girona.

También están los apasionados de la música religiosa que, naturalmente, pueden disfrutar de sus festivales dedicados exclusivamente a la música sacra, como los de Segovia (activo desde 1982), Santiago de Compostela (que se llama Festival de Músicas Contemplativas) o el de Cuenca, que desde 1962 encarga una obra para ser estrenada en el festival: gracias a esta iniciativa se han podido escuchar estrenos de Rodrigo, Montsalvatge, Guinjoan, Esplá, Mompou, Halffter, Bernaola, De Pablo, Turina, Marco y un largo etcétera.

Otros géneros que cuentan con su público incondicional son, por ejemplo, la música de cine (en Tenerife ya van por la undécima edición del Fimucité, y entre Úbeda y Córdoba impulsaron uno que estuvo activo 10 años), la música medieval (en Castelló d'Empúries se puede disfrutar del festival Tierra de Trovadores), el canto gregoriano o la música contemporánea, que, aunque disfruta de un público reducido, cuenta con bastante oferta para poder elegir.

Si la pasión no es por un género en concreto, sino por un instrumento, tampoco hay problema: hay festivales de piano, de guitarra, de órgano, de orquestas de plectro y púa, de canto coral o incluso de carillón, como el que se celebra en la plaza Sant Jaume, de Barcelona, con el protagonismo de las 49 campanas del carillón del Palau de la Generalitat de Catalunya.

DE OBRAS Y OBREROS

80 / 100

EL PADRE DEL SOLFEO

Hay una práctica muy simpática y divertida entre los músicos (solo lo hacen en círculos íntimos y nunca con público delante) que se denomina *solmización*. Se trata de cantar una melodía, pero en lugar de hacerlo con la letra que le corresponde (por ejemplo: «no-che de paz…»), o de tararearla («la, la-lá, laaa…»), hay que hacerlo diciendo los nombres de las notas musicales de aquella melodía («sol, la-sol, miiii…»). Como es una habilidad que los músicos han adquirido a lo largo de años de estudio (sobre todo en los primeros cursos, cuando estudiaban las bases del solfeo), lo tienen interiorizado y lo hacen sin darse cuenta de que, para los profanos, es una cosa extraña. Pero es muy útil: saber solfear (cantar diciendo el nombre de cada nota que se está entonando) es básico para afinar bien y para saber cómo suena una partitura sin necesidad de tocarla con ningún instrumento.

El invento de la solmización (palabra que deriva de las notas sol y mi) y del solfeo (que deriva de sol y fa) se atribuye al monje benedictino Guido de Arezzo. Al inicio del siglo XI, Guido de Arezzo empezó a utilizar una plantilla de cuatro líneas (un tetragrama) para representar las notas musicales: cuanto más abajo estaban dibujadas las notas, más grave sonaban y, cuanto más arriba, más agudas. Del mismo modo, ponía ante sus cantantes su mano izquierda en posición horizontal enseñándoles cuatro dedos (con el pulgar escondido) mientras con el índice de la mano derecha iba señalando más arriba o más abajo para indicar si la nota que tenían que cantar era más aguda o más grave. Esta técnica (que, con otras variantes, fue conocida como *la mano de Guido*) tuvo mucho éxito y permitía ampliar rápidamente el repertorio de los cantantes porque no había que aprender de memoria todas las canciones: solo había que conocer la melodía y la técnica de Guido permitía ir recordándola en tiempo real.

Cuando ya tuvo consolidado el uso del tetragrama, inventó la solmización utilizando un himno dedicado a san Juan Bautista. El himno tiene la particularidad de que cada verso empieza con la nota inmediatamente superior al anterior verso. El himno dice así:

> Ut queant laxis,
> Resonare fibbris
> Mira gestorum
> Famuli tuorum
> Solve polluti
> Labii reatum.
> Sancte Ioannes

Y ya se ve que, si la primera sílaba se canta con la entonación que le corresponde, al iniciar el primer verso cantaremos ut, en el segundo re, en el tercero mi y sucesivamente fa, sol, la y sa. Así, a partir de aquel momento para referirse a la cuarta nota, solo había que cantar: «¡Faaaaa!» Desde entonces las notas musicales se cantan con su nombre. La nota ut fue cambiada años después por do (era más fácil de cantar, aunque la denominación *ut* aún se utiliza en francés) y la nota si también fue introducida más tarde (siglas de Sancte Ioannes). En tiempo de Guido de Arezzo, las notas musicales se llamaban A, B, C, D, E, F, G, nomenclatura que todavía se utiliza en los países anglogermánicos. Si queréis pasarlo bien un rato, pedid a un músico que os cante una melodía solfeando: es una experiencia única. Y si el músico es inglés o alemán, la experiencia se vuelve inolvidable.

81 / 100

¿CUÁNTO DURA UNA SINFONÍA?

Una sinfonía es una obra musical de gran formato. Para un compositor, hacer una sinfonía vendría a ser como para un escritor hacer una novela. A menudo, los escritores publican primero una recopilación de cuentos o narraciones breves y después dan el paso hacia la novela, hacia la obra grande. Y los compositores también: escriben obras de pequeño formato, de cámara, suites, oberturas... hasta que deciden que ya están preparados para dar el salto. Con respecto a la duración, en el caso de las sinfonías hay unos precedentes muy claros que marcaron la tradición: las sinfonías de la época del Clasicismo, las que escribieron Haydn y Mozart, estructuradas en cuatro movimientos, y que se convirtieron en obras de referencia. Aunque las hay más largas y más cortas, lo más común es que una sinfonía clásica dure entre 20 y 30 minutos.

Las dos primeras sinfonías de Beethoven también responden a este formato, pero la *Tercera «Heroica»* (estrenada en 1804) ya no: aquí Beethoven hizo saltar las normas y planteó una obra de 50 minutos, exactamente el doble de lo que la tradición había marcado hasta el momento. Después, en las siguientes sinfonías, volvió a los 30 o 35 minutos, pero obvió la tradición otra vez con la *Sinfonía n.º 9 «Coral»*, una obra de más de una hora de duración. Los primeros 45 minutos son puramente instrumentales (tal como marcaba la tradición sinfónica hasta aquel momento: las sinfonías se escribían únicamente para orquesta sinfónica) y el último movimiento de la obra, que dura unos veinte minutos, incluye la voz de cuatro solistas más un gran coro que canta el famoso *Himno de la alegría* (que desde 1985 es el himno oficial de la Unión Europea).

La mayoría de las sinfonías del Romanticismo (Schubert, Mendelssohn, Schumann, Brahms, Chaikovski, Dvorák...) duran entre 30 y 40 minutos, pero ya hay algunas que superan los 50 (como la *Novena* de Schubert, la *Primera* de Brahms o la *Quinta* y la *Sexta* de Chaikovski). También hay alguna que, cogiendo el relevo de la *Novena* de Beethoven, incorpora un coro en la orquesta, como es el caso de la *Segunda «Canto de alabanza»*, de Mendelssohn, que también dura más de una hora.

Hacia finales del siglo XIX llegaron las enormes, gigantescas y mastodónticas sinfonías de Bruckner y de Mahler. De las 9 sinfonías de Bruckner, cinco llegan a los 55 minutos de duración, tres superan la hora y la *Octava* (1887) dura unos 80 minutos. Y, aparte del minutaje, son obras que requieren una orquesta de grandes dimensiones. En el caso de Mahler, la cosa va por el mismo camino. Él mismo declaró: «Para mí, escribir una sinfonía es como escribir todo un mundo.» Pues bien: de los 9 «mundos» que escribió (también para orquestas gigantescas y con la inclusión de la voz humana en varias ocasiones), solo tres duran entre 60 y 70 minutos, el resto superan los 80 y la *Tercera* (1896) llega a la hora y tres cuartos: más de 100 minutos de sinfonía.

Los compositores del siglo XX siguieron componiendo sinfonías, y la variedad en la duración de las mismas es patente: las 8 sinfonías del finlandés Jean Sibelius tienen duraciones que van de los 25 a los 50 minutos, y entre las 15 sinfonías del ruso Shostakóvich encontramos media docena que rondan la media hora, cuatro que superan los tres cuartos de hora, cuatro más que llegan a la hora de duración y la *Séptima «Leningrado»* (1941), que dura 80 minutos. El récord, sin embargo, se lo lleva la *Sinfonía n.º 1 «Gótica»*, del británico Havergal Brian, acabada en 1927, que se acerca a las dos horas de duración y requiere una orquesta de 200 músicos, un coro gigantesco y cuatro solistas vocales.

82 / 100

¿ES ROJO EL *LIBRO ROJO*?

El *Llibre Vermell* (*Libro Rojo*) es un códice medieval que se conserva en la Abadía de Montserrat y está considerado una de las joyas del monasterio. Mide el doble, tanto de altura como de anchura, del libro que tenéis en vuestras manos, tiene unas 130 páginas (parece que originalmente podía tener unas 150, pero algunas se han perdido) y contiene gran variedad de textos como una explicación de los milagros de la Virgen, un tratado sobre la confesión, otro sobre el universo, una colección de sermones... y un cancionero. Consta que en el año 1399 ya se estaba copiando en el *scriptorium* del monasterio y fue ampliado en siglos posteriores.

El cancionero incluye diez piezas y se cree que entre las páginas perdidas podría haber más partituras. Las intenciones de la recopilación están explicadas en la primera página: se trataba de ofrecer a los peregrinos canciones devotas y danzas castas para evitar que montaran guateques descontrolados y fiestas profanas en las puertas del monasterio. El texto del introductorio dice así:

> Como los peregrinos quieren cantar y bailar mientras velan de noche en la iglesia de Santa María de Montserrat, y también a la luz del día, y como allí no tienen que cantarse canciones que no sean castas y piadosas, se han escrito las canciones que aparecen aquí. Y tienen que ser cantadas de manera honesta y sobria, vigilando de no estorbar a nadie que vele en la plegaria y en la contemplación devota.

La valía de este códice es comparable a la de las *Cantigas de Santa María*, de Alfonso X el Sabio, del siglo XIII, recogidas en 4 volúmenes (uno está en Madrid, dos en El Escorial y otro en Florencia). La particularidad del de Montserrat es que contiene anotaciones coreográficas y las canciones son de origen popular y no cortesano. No es, ni mucho menos, el códice musical más antiguo que conocemos en Cataluña: hay varios códices con partituras anteriores (desde el siglo XI), producidos especialmente en Ripoll y en Sant Cugat.

Durante la Guerra del Francés, el *Llibre Vermell* se salvó (parece que estaba cedido al marqués de Llo) y reapareció en el año 1885 en Vic: el monasterio lo compró por 500 duros y lo devolvió a Montserrat. Fue entonces cuando se encuadernó con la cubierta de terciopelo rojo que acabó dando nombre al códice. En 1947 se volvió a encuadernar, esta vez con piel roja sobre madera.

En los últimos años han sido diversas las producciones discográficas que han grabado las canciones y danzas del *Llibre Vermell* (destaca la dirigida por Jordi Savall) y también la influencia que han tenido las melodías de este códice medieval inspirando obras contemporáneas, incluso en versiones pop-rock como el *Stella splendens* (la segunda de las canciones del libro) de la Companyia Elèctrica Dharma.

Otra de las influencias del *Llibre Vermell* es la adopción del término *virolai* para referirnos al himno dedicado a la Virgen de Montserrat que el poeta Jacint Verdaguer escribió en el año 1880. Aquel himno a «la Moreneta» empieza con las palabras «Rosa d'abril» y enseguida fue denominado *virolai* por influencia de una de las canciones del *Llibre Vermell*, «Rosa plasent», que aparecía en el libro como «birolay», palabra medieval para referirse una composición poética para ser cantada con estrofas y estribillo.

83 / 100

JEROGLÍFICOS MUSICALES: KV Y BWV

A veces, cuando cogemos el programa de mano de un concierto y leemos las obras que se interpretarán, encontramos que, en el título de algunas de ellas, aparecen unas siglas y unos números que parecen jeroglíficos. Por ejemplo:

Mozart: *Concierto para arpa, flauta y orquesta en do mayor KV 299 (297c)*
Bach: *Suite para violonchelo n.º 1 en sol mayor BWV 1007*
Haydn: *Cuarteto n.º 62 en do mayor op. 76 n.º 3 «Emperador» Hob III:77*

En realidad, solo se trata de números de catálogo para aclarar exactamente de qué obra estamos hablando. Si solo pusiéramos que la orquesta interpretará la *Sinfonía en re mayor* de Mozart, no sabríamos de qué obra se trata, ya que sinfonías en re mayor Mozart compuso ni más ni menos que diez.

De los ejemplos anteriores me declaro fan incondicional del doctor Ludwig von Köchel, el musicólogo que en el año 1862 publicó el catálogo de las obras de Mozart. ¿Por qué? Pues porque aporta una información que los otros dejan de lado: hizo la catalogación siguiendo un criterio cronológico, así que cuando vemos que una obra de Mozart lleva el número 10, o el 20, sabemos que se trata de una de sus primeras composiciones, mientras que, si lleva el número 600, sabemos que es de las últimas (el catálogo llega a la número 626). Con los años se han ido encontrando más obras de Mozart en bibliotecas y archivos privados, y también se ha ido afinando en la datación de ciertas obras; por lo tanto, el catálogo KV (Köchel Verzeichnis) se va revisando constantemente: los nuevos descubrimientos se incluyen en el catálogo con el número que le correspondería según la fecha de composición y una letra (33a, 33b, 33c…), pero no se elimina el número que le puso Köchel, aunque sea erróneo.

En los últimos 150 años, se han realizado ocho ediciones revisadas y aumentadas del catálogo de Mozart con el resultado de que se ha desplazado la primera obra descrita por Köchel al quinto lugar, ya que se han encontrado cuatro obras escritas con antelación a aquel *Minueto para piano en sol KV 1* (que ahora aparece como KV 1e), y que se han incorporado más de 100 obras que han ido apareciendo, como las cerca de 40 pequeñas piezas que compuso en Londres cuando tenía 9 años.

Otro jeroglífico famoso es el BWV (Bach Werke Verzeichnis, catálogo de las obras de Bach), elaborado por Wolfgang Schmieder, que detalló 1.080 obras. En este caso, las obras se ordenan según la temática: cantatas, pasiones, suites, conciertos... Schmieder terminó el catálogo en 1943, después de seis años de trabajo; lo entregó a la editorial Breitkopf & Hartel, con sede en Leipzig, y se guardó una copia en su despacho de Frankfurt. Rápidamente se preparó la obra para ser editada, pero el 4 de diciembre un ataque aéreo sobre Leipzig destruyó los archivos de la editorial. Cuando los editores fueron a buscar la copia que Schmieder conservaba en su domicilio, descubrieron que también había sido quemada por el bombardeo que dos meses antes había sufrido la ciudad de Frankfurt. Schmieder y la editorial, sin embargo, no desistieron. Gracias a unos apuntes que se conservaban y a algunas de las planchas de imprenta que sobrevivieron al fuego, el trabajo se reemprendió pasada la guerra y la edición vio la luz en 1950, justamente 200 años después de la muerte de Bach. Actualmente, el catálogo BWV ya alcanza las 1.128 obras.

Las obras de Haydn las catalogó el musicólogo holandés Anthony van Hoboken entre 1957 y 1978, y también las agrupó por temáticas (estableció 32 categorías diferentes para las 750 obras descritas). Los musicólogos Robbins Landon y Christa Fuhrmann (marido y mujer) revisaron el catálogo, especialmente en cuanto a la cronología.

84 / 100

PERGOLESI AL PIE DE LA CRUZ

Giovanni Battista Pergolesi (1710-1736) ha pasado a la historia de la música por tres motivos. En primer lugar, por haber escrito la ópera *La serva padrona*, una ópera simpática y divertida (*opera buffa*) muy famosa porque en su estreno en París dio pie a uno de los episodios más controvertidos de la historia de la música, la «querella de los bufones», en la que el público (y sobre todo los críticos musicales más influyentes en la corte francesa) se polarizó: por una parte, los defensores de la ópera francesa (encabezados por el compositor Jean-Philippe Rameau) y, por la otra, los defensores de dejar entrar las influencias de la ópera italiana (liderados por el filósofo Jean-Jacques Rousseau). En segundo lugar, por haber compuesto el *Stabat Mater* más famoso de todos los que se han escrito a lo largo de la historia, que no son pocos, algunos de ellos firmados por nombres tan relevantes como Josquin Desprez, Gaspar van Weerbeke, Palestrina, Lasso, Alessandro Scarlatti, Boccherini, Caldara, Haydn, Schubert, Rossini, Dvořák, Liszt, Verdi, Poulenc, Penderecki… Incluso el compositor catalán Salvador Brotons estrenó uno en el año 1997. Y, en tercer lugar, por haber muerto con solo 26 años (compositores que murieron jóvenes hay unos cuantos, pero de los más famosos solo hay uno que muriera más joven que Pergolesi: el vasco Juan Crisóstomo Arriaga, fallecido diez días antes de cumplir los 20 años).

El caso es que, cuando estalló la «querella de los bufones» y *La serva padrona* se hizo famosa en toda Europa, Pergolesi ya llevaba 20 años enterrado. Tampoco estuvo presente en el estreno del *Stabat Mater*: Pergolesi se retiró en el año 1736 al monasterio de Pozzuoli (cerca de Nápoles) para intentar curarse de la tuberculosis que sufría, pero murió en marzo, poco después de haber terminado la obra. El año anterior había recibido un encargo de la Cofradía Napolitana de los Cavalieri della Vergine dei Dolori, con el fin de componer un *Stabat Mater* que sustituyera al que se interpretaba cada Viernes Santo desde hacía 20 años y que era obra de Alessandro Scarlatti. El *Stabat Mater* de Scarlatti tenía una peculiar instrumentación (dos voces femeninas —una soprano y una contralto— y orquesta de cuerda con bajo continuo) que Pergolesi mantuvo.

El *Stabat Mater* es un himno a la Virgen María atribuido a Jacopone da Todi, un monje-poeta franciscano del siglo XIII que murió el día de Navidad de 1306. El texto (veinte estrofas de tres versos cada una) habla del dolor que la Virgen María siente velando a su hijo al pie de la cruz. Los tres elementos básicos del texto hacen referencia al dolor humano de una madre, al sentimiento de compasión que genera este dolor que tiene que convertirse en amor a Cristo y, finalmente, al ruego a la Virgen para que interceda por las almas humanas el día del juicio final.

El *Stabat Mater* de Pergolesi es el arquetipo de música religiosa de estilo galante y recibió muchas críticas de parte de los que decían que estaba demasiado influenciado por los recursos de la ópera y que, por lo tanto, no se ajustaba a los modelos de lo que tenía que ser una obra de música religiosa auténtica (la misma crítica que, por ejemplo, recibirán muchas obras de Haydn y de Mozart 50 años después). A pesar de las críticas, el *Stabat Mater* de Pergolesi disfrutó de una extraordinaria popularidad durante el siglo XVIII en Europa. Efectivamente, funde elementos de la ópera con elementos de carácter litúrgico, pero el resultado es una obra cargada de sentimiento piadoso y, al mismo tiempo, agradable al público que se acerca a ella sin pensamiento religioso.

85 / 100

RÉQUIEMS PARA TODOS LOS GUSTOS

Un réquiem es una obra musical para orquesta y coro con el texto canónico que marca la Iglesia católica para las misas de difuntos. De la misma manera que en ocasiones especiales se celebraban misas cantadas (Bach compuso varias, y Mozart, y Haydn, y Beethoven...) también se han escrito a lo largo de la historia misas de difuntos. Los *Réquiems* más famosos son los de Mozart, Brahms, Verdi, Fauré, Dvorák y Britten. Sin embargo, aunque todos ellos llevan el nombre de *Réquiem*, son obras muy distintas y algunas de ellas, como las de Brahms y Britten, utilizan otros textos.

El de Brahms se titula *Un réquiem alemán* y cuenta con un texto totalmente diferente, escogido de la Biblia luterana por el mismo autor, sin referencias al juicio final y como meditación sobre la vida y la muerte. Se estrenó en 1868 en la catedral de Bremen y su éxito fue inmediato. Es, sin duda, la obra sinfónico-coral que más se interpreta en Alemania, por orquestas y coros tanto profesionales como amateurs.

El de Verdi fue dedicado al escritor Alessandro Manzoni. Se estrenó en 1874 en la iglesia de San Marco de Milán y es una de las obras sinfónico-corales más interpretadas hoy día (fue interpretado en el funeral de Lady Di en 1997 y también en la Zona 0 de Nueva York después de los atentados del 11 de septiembre de 2001). Es un réquiem que, más que acompañar al difunto en el camino hacia el reposo del alma, presenta una visión romántica de la muerte, una reflexión artística que enaltece los valores humanos y el ideal de justicia que definían al hombre a quien Verdi lo dedicó. El director Hans von Bülow se refirió a él como «una ópera con vestido eclesiástico», para destacar los contrastes que presenta la obra, el ánimo de emocionar al espectador y la gran expresividad de la partitura.

El de Fauré fue estrenado en la iglesia de la Madelaine de París en 1888 y sería interpretado en el funeral del propio autor en 1924. En lugar de ser una obra introspectiva o triste, incide en la luz, en la esperanza y en la salvación.

El de Dvořák fue estrenado en 1891 en Birmingham y no sube a los escenarios muy a menudo por su complejidad y grandiosidad: la interpretación completa supera la hora y media de duración. El estreno fue bastante exitoso, pero un crítico dijo que la obra «era tan aburrida… como un funeral». Algunos fragmentos de este réquiem fueron interpretados en el funeral del presidente checo Václav Havel en el año 2011.

El de Britten se titula *Réquiem de guerra* y combina textos litúrgicos con un poema de Wilfred Owen, un poeta inglés que escribió sobre la guerra, pero principalmente escribió sobre la inutilidad de las guerras. En la noche del 14 de noviembre de 1940, la Luftwaffe alemana, con más de 500 aviones, puso en marcha la operación «Sonata *Claro de luna*». A pesar del nombre beethoveniano con que se bautizó aquella acción de guerra, su finalidad era muy concreta: bombardear la ciudad inglesa de Coventry. El efecto fue devastador y uno de los edificios que resultó completamente destruido fue la catedral de San Miguel, un edificio de finales del siglo XIV. El 30 de mayo de 1962 se inauguró la nueva catedral al lado de los escombros de la antigua: en el transcurso de esta inauguración se interpretó el *War Requiem*, de Britten, una obra que denuncia el mal y clama por la paz. Aunque la acústica no acompañó mucho, los que asistieron fueron conscientes de que estaban ante una de las obras musicales más importantes de la historia.

¿Y el *Réquiem* de Mozart? Este necesita un capítulo para él solo.

86 / 100

EL HOMBRE DE LA MÁSCARA

El *Réquiem* de Mozart es la última obra que escribió. En realidad, lo dejó inacabado. Uno de los motivos de su prematura muerte fue el exceso de trabajo en una época en que su salud estaba muy delicada, casi tanto como su economía. Hacía tiempo que Mozart no se encontraba bien, tenía mucha tos y le dolían los huesos. Constanze, su mujer, tampoco estaba muy fina y se había ido unas semanas a un balneario para recuperarse (hacía poco que había tenido el sexto hijo). Con este panorama, Mozart recibió un encargo un poco extraño: un hombre vestido de negro que ocultaba su rostro con una máscara fue a su casa y le encargó que escribiera un réquiem. Mozart aceptó el encargo, ya que iba justo de dinero y, además, el enigmático mensajero le había dado bastantes monedas por anticipado. El resto del dinero lo cobraría cuando acabara el trabajo.

Mozart empezó a componer el *Réquiem*, pero pronto lo dejó a un lado porque otras obras reclamaron su atención. Unas semanas después volvió a llamar a la puerta aquel extraño mensajero. Mozart tenía el encargo muy retrasado, por lo que volvió a trabajar de lo lindo. Su enfermedad se agravaba y con el ritmo de trabajo que había llevado en los últimos meses aún se encontraba peor. En algún momento se sintió tan mal que pensó que se moría. Como, además, estaba escribiendo una misa de difuntos, llegó a pensar que aquella música la estaba escribiendo para su propio entierro.

El caso es que Mozart murió el día 5 de diciembre de 1791, cuando le faltaban pocas semanas para cumplir los 36 años, y pocas páginas para acabar el *Réquiem*. Un alumno suyo (Franz Xaver Süssmayr) acabó de componer la obra y así Costanze pudo cobrar el dinero que faltaba del encargo. Semanas más tarde se resolvió el misterio del enigmático mensajero: el encargo de la obra lo había hecho un noble (el conde Von Walsegg) que quería estrenar la obra en el aniversario de la muerte de su esposa y hacerse pasar él como el compositor auténtico de la obra, por lo cual había enviado a un mensajero con la cara tapada y había querido guardar el máximo secreto sobre el *Réquiem*.

El famoso «misterio del *Réquiem* de Mozart» ha sido alimentado durante más de ciento cincuenta años y ha dado pie a leyendas e incluso obras de teatro y películas. Pero desde que en el año 1964 el musicólogo Otto Erich Deutsch rescató un manuscrito en el que se relataba punto por punto lo que hemos explicado más arriba, el «misterio del *Réquiem*» dejó de ser tan misterioso. El conde de Stuppach, Franz von Walsegg (1763-1827) había actuado de esta manera otras veces, haciéndose pasar por el autor de las obras que encargaba. En esta ocasión, la muerte de su esposa, Anna von Flammberg (muerta el 14 de febrero de aquel 1791), lo llevó a encargar una misa de *Réquiem*. El estreno oficial del *Réquiem* de Mozart fue el 14 de diciembre de 1793 en memoria de la esposa de Walsegg, aunque unos meses antes (el 2 de enero de 1793) se había interpretado la obra completa en los salones Jahn, de Viena, en una audición a beneficio de Constanze y sus hijos. Todo ello sin contar que cinco días después de la muerte de Mozart ya se habían interpretado los fragmentos acabados del *Réquiem* durante sus funerales celebrados en la iglesia de San Miguel, antes de que Süssmayr pusiera sus manos en la obra y la acabara a petición de Constanze.

87 / 100

MACROOBRAS

En el mundo de la música clásica hay una serie de convenciones, o de tradiciones, o de normas (algunas escritas y otras no) en cuanto a la duración de las obras musicales y en cuanto al número de efectivos que se necesitan para interpretar cada obra. En general, las obras más pequeñas son para un solo instrumento y duran tres minutos (se pueden llamar minuet, preludio, estudio, impromptu...) y las más grandes (obviando las óperas) son para orquesta y coro y pueden durar una hora y media (suelen ser obras religiosas como los oratorios). Pero hay obras que no respetan estas medidas: las hay más pequeñas que solo duran unos cuantos segundos, y las hay más grandes que pueden durar horas y que requieren centenares de intérpretes.

Con respecto a las obras gigantescas, hay algunas que se interpretan muy pocas veces debido a su complejidad (como la *Sinfonía Gótica*, de Havergal Brian, que requiere centenares de intérpretes y llega a las dos horas de duración), pero otras suben a menudo a los escenarios. Entre las más populares está el oratorio *El Mesías*, de Händel, estrenado en 1742, con una duración de dos horas y cuarto. La obra se volvió tan popular que se empezaron a hacer interpretaciones con centenares de efectivos, a veces superando incluso el millar de cantantes. Aún hoy es habitual que se programen interpretaciones participativas de esta obra, en las que se invita al público a cantar partes de la misma, como el famosísimo «Aleluya», que aparece hacia la hora y media de la interpretación.

Otra obra de dimensiones colosales es la *Sinfonía de los mil*, de Gustav Mahler, estrenada en 1910 con más de mil intérpretes, aunque se puede llevar al escenario si hay 300: se requiere una orquesta de

120 músicos y 180 cantantes entre coro mixto, coro infantil y solistas vocales. Su duración es de unos 90 minutos. Otro diplodocus musical es la *Sinfonía Turangalila*, del francés Olivier Messiæn, estrenada en Boston en 1949. Tiene 10 partes, dura unos 80 minutos y la orquesta requiere un mínimo de 110 músicos, entre los cuales hace falta un intérprete de Ondas Martenot, un instrumento electrónico inventado por Maurice Martenot en 1928 que el día del estreno fue tocado por Ginette Martenot, hermana del inventor y primera gran intérprete de este instrumento.

Cuando se escuchó por primera vez en Londres la *Sinfonía n.º 3* de Beethoven (1829) un crítico escribió: «Es difícil mantener la admiración más de tres cuartos de hora. La longitud es excesiva, casi infinita. Si no se abrevia de alguna manera, pronto caerá en el olvido.» El crítico se equivocó y la capacidad humana para escuchar obras largas parece que se ha ido ampliando. El gigantismo aplicado a la duración ha dado obras como la *Sonata para violín solo*, de Claude Loyola Allgén, una obra en tres movimientos: el primero dura 70 minutos, el segundo 60 y el tercero solamente unos 30. O el dúo para flauta y piano *For Christian Wolff*, de Morton Feldman (3 horas y media) o el *Cuarteto n.º 2* del mismo autor (6 horas), algunas obras para piano de Kaikhosru Sorabji (la *Sonata n.º 5* dura 5 horas y las *Variaciones sinfónicas* cerca de 9 horas), o la obra pianística *The Road*, de Frederic Rzewski (de unas 10 horas de duración, interpretada en 2008 con la rotación de seis intérpretes).

Si entramos en el terreno de las obras especulativas, la duración se multiplica hasta límites inalcanzables. Solo dos ejemplos: Erik Satie compuso *Vexations* (1893) indicando que se tenía que repetir 840 veces (se han hecho interpretaciones que han llegado a durar 24 horas) y en la ciudad alemana de Halberstadt se inició en el año 2001 la interpretación de *Organ²/ASLSP*, de John Cage, una interpretación que acabará en el año 2640.

88 / 100

MICROOBRAS

Se entiende que las obras musicales de factura clásica (sonatas, sinfonías, oberturas, cuartetos…) tienen una duración generosa: 10 minutos, un cuarto de hora, media hora… Por eso en el mundo de la música clásica se puede decir que una obra «breve» es aquella que dura seis o siete minutos, hecho que contrasta mucho con la duración de los temas de moda actuales, los de la música pop-rock, que difícilmente superan los tres o cuatro minutos.

Hasta el siglo XIX las formas musicales más breves eran las danzas: un minueto, un rondó, una zarabanda… Pero difícilmente se interpretaban separadamente: se reunían varias en forma de suite y se interpretaban una detrás de otra. Pero llegó el Romanticismo y, con él, la libertad creadora: se empezaron a poner de moda obras «breves», libres de cualquier tipo de forma anteriormente establecida, que los autores bautizaban con nombres como «bagatela», «momento musical», «canción sin palabras»… Frederic Chopin escribía obras de tres o cuatro minutos, tan tranquilamente, y las titulaba «impromptu», «mazurca», «polonesa» o «vals». En el año 1846 compuso el *Vals del minuto* (que en realidad dura cerca de dos minutos), una obra ridículamente breve para la época.

Ya a inicios del siglo XX, Erik Satie amplió el espectro de microobras con piezas que duraban entre tres minutos y solamente 20 segundos, como las *Tres Gymnopédies*, las *Seis Gnosiennes*, los *Verdaderos preludios blandos para un perro*, o los *Deportes y diversiones* (21 pequeñas piezas que se interpretan en poco más de 13 minutos). Cuando alguien lo criticó por escribir obras sin forma, respondió componiendo las *Tres piezas en forma de pera* (que en realidad son siete obras breves). Y en el mundo de la música de cámara y también sinfónica destaca el austriaco Anton Webern, con obras como *Cinco piezas para orquesta* (de un minuto cada una) y su colega Alban Berg, que, a pesar de escribir óperas y otras obras de grandes dimensiones, también compuso micropiezas de gran éxito, como las *Nueve piezas breves* para grupos de cámara (la más larga dura dos minutos).

También ha habido quien ha querido aplicar la reducción temporal al género musical que, por goleada, se lleva los récords de duración: la ópera. Peter Reynolds y Simon Rees estrenaron una ópera en 1993 (*The sands of time*) que dura 3 minutos y medio. ¡Que se lo cuenten a Wagner, que hacía durar sus óperas por lo menos cuatro horas!

En los últimos años, en el terreno de la producción de miniobras destacan las *Nanosonatas*, del compositor norteamericano Frederic Rzewski, que, animado por un amigo nanotecnólogo, compuso entre 2006 y 2010 un total de 56 sonatas para piano que duran entre dos y tres minutos cada una. Teniendo en cuenta que las sonatas para piano de Beethoven, Chopin o Schumann duraban entre 15 y 30 minutos, el prefijo *nano-* no está mal puesto.

89 / 100

EL HERMANO DE PAU CASALS

El músico catalán más internacional de todos los tiempos es Pau Casals. Podemos ampliar la lista con Isaac Albéniz, Enric Granados, Robert Gerhard, Alicia de Larrocha, Montserrat Caballé, Josep Carreras… Pero Pau Casals sigue siendo el *top 1*. Fue una de las figuras mundiales de la música clásica durante el siglo XX y no solo destacó como violoncelista y director, sino también por su defensa de la paz y el rechazo de los totalitarismos. Para llevar a cabo este activismo político también utilizó la música: a veces armado con su violonchelo dando conciertos a favor de la paz y a veces negándose a tocarlo también como medida de presión para defender sus ideales.

Cuando las Naciones Unidas le otorgó la Medalla de la Paz en el año 1971, también le encargó la composición del *Himno de la ONU*, con letra del poeta W. H. Auden. ¡Ah! ¿Pero Casals, también era compositor? Pues sí: a lo largo de su vida escribió obras para piano, para coro, canciones, sardanas, obras de cámara y sinfónico-corales. De toda su obra (que incluye unos 80 títulos) destacan el oratorio *El Pesebre*, la sardana *Sant Martí del Canigó* y la pieza coral *Nigra sum*. No hemos mencionado *El cant dels ocells* (*El canto de los pájaros*) porque el autor no es Pau Casals, aunque mucha gente cree que sí. Tal como él mismo explicó ante el plenario de la ONU: «*El cant dels ocells* es una melodía del folclore catalán. Los pájaros, cuando están en el cielo, van cantando: "Paz, paz, paz." Es una melodía que Bach, Beethoven y todos los grandes habrían admirado y amado. Y, además, nace del alma de mi pueblo: Cataluña.» Casals popularizó este villancico tradicional catalán interpretándolo a menudo al final de sus conciertos, pero no es su autor.

Pau Casals tuvo un hermano que también fue músico: Enric Casals. De hecho, fue el eterno «hermano pequeño»: quince años más joven que Pau Casals y viviendo toda la vida a la sombra del genio. Excelente violinista, compositor y director, escribió algunas obras sinfónicas (un concierto para violín y uno para violonchelo) y una veintena de sardanas (*La playa de Sant Salvador*, *Vendrell*, *Tarragona* o la titulada *Lejos*, escrita en Montevideo). Lo más destacado de su producción, sin embargo, fue la orquestación de las obras que escribía su hermano: Pau le daba las versiones para piano, unas líneas melódicas y unos cifrados armónicos y Enric transformaba aquellos apuntes en obras sinfónicas (como en el caso de *El Pesebre* o del *Himno de la ONU*) o en sardanas para cobla o para orquesta de violonchelos (como *Sant Martí del Canigó*).

Así, ¿en qué quedamos? ¿Las obras son de Pau o de Enric? No hay duda: son de Pau, pero Enric las ponía a punto. El trabajo del orquestador es el de dar color en las obras que solo está esbozadas, acabar de darles forma, decidir si esta melodía la hace el oboe o si es mejor que la haga el violonchelo, alargar un poco algún fragmento o acortarlo, acabar de pulir todo aquello que el compositor ha planteado. Vendría a ser el trabajo del albañil, que es en definitiva quien construye el edificio, y quien tiene que ir tomando decisiones sobre la marcha porque en el plano que ha diseñado el arquitecto han quedado cosas por concretar. Pau Casals tuvo un peón de lujo, casi tan longevo como él: Pau murió a los 96 años y Enric a los 94.

90 / 100

JUGANDO CON 12 NOTAS

En el piano hay siete notas blancas (do, re, mi, fa, sol, la, si), pero si tocamos todas las teclas, incluidas las negras, antes de volver a encontrar otro do, habremos tocado 12 notas. Nuestro sistema musical consta de 12 sonidos, de 12 notas, pero en la armonía clásica no todas ellas tienen la misma importancia. Cuando vemos una obra «en sol mayor», el autor nos está diciendo que hay una jerarquía en las notas que ha utilizado: según las normas de la armonía clásica, la obra está dominada por la nota sol, la segunda nota en importancia es el re, la tercera es el do, y no podemos olvidar el fa sostenido. Este sistema da lugar a la denominada *música tonal*.

Este sistema, que ha imperado en la música clásica durante siglos, empezó a ser cuestionado a finales del siglo XIX y, especialmente, a inicios del siglo XX. Fue un proceso parecido al de las artes plásticas cuando los impresionistas y, más adelante, los cubistas y otros *-istas* se preguntaron si había que seguir pintando de forma realista y fotográfica aquello que la realidad les ofrecía. Quizás valía la pena investigar en las emociones, en el interior del artista para canalizar otras formas de expresión.

Algunos compositores, como Wagner, Mahler o Richard Strauss, explotaron hasta el límite las normas de la armonía clásica (de hecho, Beethoven ya había empezado a saltarse algunas a pasos agigantados). El austriaco Arnold Schönberg siguió en esta línea de saltarse normas y de exprimir las posibilidades del lenguaje clásico hasta que en el año 1899 compuso una obra maravillosa, *La noche transfigurada*, que fue descalificada en un concurso porque contenía demasiadas «faltas de ortografía». Y entonces lo vio claro: había que olvidar completamente las normas clásicas y aventurarse en la música «atonal». E incluso dar un paso más: crear un sistema nuevo, unas nuevas normas para el juego de la música.

Schönberg empezó escribiendo música atonal y acabó creando un sistema completamente nuevo basado en la igualdad jerárquica de las 12 notas en el que ninguna de ellas tenía más importancia que otra. Lo denominó sistema dodecafónico (lo presentó en el año 1923) y se basaba en series de 12 notas en las que no había ninguna repetida, es decir, series en las que aparecían las 12 notas sin que las tensiones y distensiones entre ellas vinieran marcadas por ninguna relación jerárquica. En las obras dodecafónicas, la serie de notas a veces aparece tal cual (serie original), a veces en movimiento inverso (leída de derecha a izquierda: serie retrógrada), con los intervalos contrarios (serie inversa) o con los intervalos contrarios y en movimiento inverso (serie retrógrada de la inversión). Nada: una forma como otra de jugar con las 12 notas que ha dado como fruto obras musicales fantásticas.

El sistema dodecafónico lo utilizaron muchos compositores del siglo XX, pero especialmente dos alumnos de Schönberg: Alban Berg y Anton Webern. También fue alumno de Schönberg el catalán Robert Gerhard, que llamó a este sistema *dodecatonismo* y lo aplicó de forma muy libre en sus obras.

El dodecafonismo dio entrada a la música serial, en la que se utilizan series no solo para establecer el orden de aparición de las notas musicales, sino también para otros parámetros musicales como el ritmo, la dinámica, el timbre, la intensidad o la textura.

91 / 100

SÍ VALE COPIAR

Uno de los trabajos ocultos de la música clásica es la del copista, la de aquel profesional que se dedica a copiar las partituras, a escribirlas para que puedan ser interpretadas. Los compositores, hasta el siglo XXI, escribían a mano, con bolígrafo, lápiz o pluma, sobre papel pautado. A veces la escritura era difícil de entender y había fragmentos solamente esbozados, especialmente aquellos que eran repeticiones de música ya escrita. Era muy complicado que un músico pudiera interpretar las obras tocando directamente desde el manuscrito: la lectura directa era imposible. Además, si la obra era para varios instrumentos, había que escribir la parte de cada instrumento en un papel aparte, había que elaborar la «partichela».

Esta labor de preparar un manuscrito para poder ser interpretado es el trabajo del copista: escribir en otros papeles la parte de cada instrumento, hacerlo de forma clara, prever los giros de página para que se puedan hacer justo en el momento en que un instrumento tiene unos compases de espera, escribir todas las notas que se tienen que interpretar (a veces el compositor solo las ha esbozado en el manuscrito para ganar tiempo dando por hecho que el copista lo entenderá) y hacer las transposiciones necesarias (a veces los compositores escriben todos los pentagramas de la partitura de dirección en la misma clave cuando hay instrumentos a los que hay que escribir la partichela en claves diferentes).

Una de las factorías de copistas más famosa de la historia fue la de la familia Bach. Johann Sebastian Bach tenía mucho trabajo componiendo cantatas para cada celebración eucarística y no tenía tiempo de preparar las partichelas. De eso se encargaban sus hijos: uno de ellos trazaba los pentagramas, otro copiaba las partes del coro y un par más copiaban las partes de orquesta. A falta de fotocopiadoras, el papel de primer violín había que copiarlo tres o cuatro veces, en función del número de violinistas que tendría la orquesta en aquella ocasión. Así, mientras Bach ya estaba componiendo la cantata para la primera semana de febrero, sus hijos copiaban las partituras para ensayar al día siguiente la cantata de la última semana de enero.

También es fácil imaginar el ejército de copistas que se requería para preparar una ópera: la editorial Ricordi, de Milán, temblaba cada vez que aparecía Verdi con el manuscrito de su última ópera. Una veintena de personas se ponían a trabajar sin descanso con el fin de tener a punto las partichelas para el día del primer ensayo y poder dar los papeles (sin errores y claros de lectura) a 70 músicos, a 80 miembros del coro y a los solistas.

La llegada de las nuevas tecnologías no ha hecho desaparecer la labor del copista, ni mucho menos. Ahora todo se hace por ordenador y en algunos aspectos se ha ganado mucho tiempo, pero se ha perdido un cierto romanticismo. Hay una cosa que no ha cambiado: ¿«Para cuándo tiene que estar a punto la obra? ¡Para mañana!».

DE ENTENDIDOS Y AFICIONADOS

92 / 100

¿CUÁNTO COBRA UN MÚSICO?

Eso depende de muchos factores. Como en todas las profesiones, hay unos cuantos que se ganan muy bien la vida (las estrellas rutilantes de cada momento pueden cobrar 30.000 euros por concierto), pero el resto de profesionales se mueven en otros parámetros (en torno a los 100 euros por concierto). Los intérpretes de música clásica tienen dos maneras de ganarse la vida: ser miembros de una orquesta estable con programación semanal (eso quiere decir cobrar un sueldo fijo cada mes) o ser músico «de bolo», es decir, tocar cada semana con orquestas o grupos de cámara diferentes (eso quiere decir tener unos ingresos inestables: un mes más y otro mes menos, en función de los bolos que se hayan podido hacer). Paralelamente, muchos músicos complementan el sueldo dando clases en escuelas de música o conservatorios.

En España, intérpretes con sueldo no hay muchos porque no hay muchas orquestas con programación estable. En Cataluña, por ejemplo, la Orquesta Sinfónica de Barcelona y Nacional de Cataluña (OBC), la Orquesta del Gran Teatro del Liceo y la Orquesta Sinfónica del Vallés son las únicas formaciones musicales que pagan un sueldo mensual a sus músicos. El resto de orquestas (hay exactamente una docena más) pagan por cada bolo, por cada concierto que dan. En otras comunidades autónomas españolas, orquestas que pagan un sueldo solo hay una. Por ejemplo: en zonas como Córdoba (con 800.000 habitantes), Extremadura (con más de un millón) o Sevilla (con cerca de dos millones de habitantes), solo hay 60 o 70 personas que cobran un sueldo estable como intérpretes de música clásica.

El sueldo que se puede ganar en las orquestas es muy variado: un músico de la Orquesta de Extremadura cobra 25.000 euros brutos anuales, mientras que uno de la Orquesta de la Comunidad Valenciana, 40.000. Si la plaza que ocupa es de solista, el sueldo sube: el Liceo paga a los solistas de la orquesta cerca de 50.000 y en la última convocatoria para la plaza de *concertino* de la OBC (el primer violín de la orquesta) se ofrecían 86.000 euros.

Pero, en nuestro país, lo más habitual es trabajar de bolo. Eso quiere decir que cada músico cobra por cada ensayo y por cada concierto, y aquí también hay una variabilidad notable. Hay orquestas que pagan 60 euros por ensayo y 90 por concierto, y otras que pagan de una sola vez (300 euros por producción, por ejemplo).

Si hablamos del sueldo de los solistas y directores de moda, ya entramos en otro mundo. Aquí los números nos pueden marear, igual que nos marean los de las estrellas del deporte. Los directores de orquesta con renombre, que normalmente cobran por semanas (empiezan los ensayos el martes y dan los conciertos el fin de semana), pueden ingresar de 6.000 a 60.000 euros semanales, dependiendo del prestigio, de la popularidad y de la capacidad que tengan de llenar auditorios. Y no es extraño que cada vez que el «Messi» del piano o del violín pise un escenario, se embolse cifras parecidas.

93 / 100

¿CUÁNTO VALE UNA ENTRADA?

En Barcelona, en el año 2015, se alcanzó por primera vez el precio de 200 euros por una entrada de un concierto de música clásica. Pero aquello fue una excepción: normalmente el precio de las entradas para escuchar música clásica en España oscila entre los 10 y los 50 euros. También hay entradas más caras, claro está, pero por eso hay que espabilarse cuando las entradas se ponen a la venta y reservar las que más nos convengan.

El precio de las entradas para los conciertos de la Orquesta y Coro Nacionales de España en el Auditorio Nacional de Madrid van de 11 a 27 euros. Los de la Orquesta Sinfónica de Barcelona y Nacional de Cataluña en el Auditori de BCN van de los 10 a los 56 euros, y los del ciclo de conciertos de la Orquesta Sinfónica del Vallés en el Palau de la Música Catalana, de los 18 a los 68. La música de cámara acostumbra a ser un poco más barata: entre los 10 y los 30 euros. Y las entradas para los festivales de música clásica también son muy asequibles: como ejemplo el Festival Internacional Pau Casals, que cada año invita a figuras internacionales y vende entradas que van de los 20 a los 30 euros.

El concierto más caro celebrado en Barcelona durante la temporada 2017-18 fue el de la Filarmónica de Berlín bajo la dirección de Simon Rattle, con precios de los 35 a los 210 euros, seguido por el de la Orquesta del Maggio Musicale Fiorentino bajo la dirección del mítico Zubin Mehta, con precios entre los 35 y los 200. Ya a una cierta distancia, se celebró el concierto de la Filarmónica de Viena, dirigida por Gustavo Dudamel (una de las figuras mundiales de la dirección actual), con precios entre los 25 y los 175 euros; para escuchar la London Symphony dirigida por Eliot Gardiner había que pagar entre 30 y 150, y las entradas para figuras de primer nivel mundial como Anne Sophie Mutter (violinista) o Radu Lupu (piano) no superaban los 100 euros. Esa misma temporada, la London Symphony en el Auditorio Nacional de Madrid vendía entradas de 45 a 195 euros.

Si hablamos de ópera, la cosa se dispara. El Liceu vende entradas entre 9 y 268 euros y el Teatro Real de Madrid (según qué ópera vamos a ver, qué butaca ocupamos y de si vamos a escuchar el elenco A o el B) las vende entre 10 y 381 (digamos de paso y entre paréntesis que entrar en el Santiago Bernabéu a ver un partido del Real Madrid vale de 30 a 475 euros y que en el Camp Nou del Barça no se entra por menos de 59 euros la general en partido de liga y hasta 750 en la zona VIP). Pero no olvidemos que, aparte de los teatros de renombre internacional, también hay otros que hacen las cosas muy bien hechas: un *Turandot* en el teatro La Faràndula, de Sabadell, cuesta entre 15 y 60 euros.

94 / 100

¿CUÁNTO CUESTA TOCAR UNA SINFONÍA?

Las obras nuevas están sujetas a derechos de autor y el periodo de vigencia de estos derechos actualmente es de 70 años después de la muerte del autor. Se trata de un sistema unificado en todos los países «modernos» que permite que los compositores cobren por su trabajo, siempre en función del número de interpretaciones de cada obra. Pero no nos engañemos: en el mundo de la música clásica, vivir de la composición es muy difícil y muy pocos lo consiguen. La realidad se impone y es muy habitual que las obras se interpreten el día del estreno y que sea casi una misión imposible conseguir que alguien las vuelva a tocar.

Eso quiere decir que si una orquesta interpreta una obra de un autor vivo (o de un autor que haya muerto en los últimos 70 años), tiene que pagar derechos de autor para interpretar aquella obra. En cambio, si toca una obra de Mozart o de Beethoven (estas obras se llaman *de dominio público*), no hay que pagar nada. Bueno, sí: hay que comprar las partituras (una sinfonía de Mozart o de Beethoven completa, con todos los papeles para todos los instrumentos, puede costar entre 80 y 120 euros), pero una vez has hecho este gasto ya puedes tocar aquella obra todas las veces que quieras.

En cambio, las obras sujetas a derechos de autor a menudo no se pueden comprar: se tienen que alquilar. Las editoriales que gestionan los derechos de autor de obras tan populares como *El concierto de Aranjuez*, de Joaquín Rodrigo, o la obertura de *West Side story*, de Bernstein, tienen varios ejemplares de las partituras y, cuando una orquesta las quiere tocar, las manda por correo, la orquesta ensaya y toca la obra y, después, devuelve las partituras a la editorial. El precio de alquiler de las obras sinfónicas se acostumbra a fijar en función de la duración de la obra, de qué tipo de orquesta la interpretará, de cuántas audiciones se harán o de la popularidad de la obra y del autor. Por cada interpretación de las obras que hemos mencionado más arriba, las orquestas pueden pagar entre 250 y 300 euros. Y si la obra que se ha alquilado dura 45 minutos (pongamos por caso la *Sinfonía n.º 2* de Sibelius o el *Concierto para orquesta* de Bartók) el precio puede superar los 500 euros por cada interpretación.

Esta tarifa se aplica solo por el alquiler del material orquestal. Aparte, hay que abonar los derechos de autor. De calcular la cantidad que hay que pagar en concepto de derechos de autor en España se ocupa la Sociedad General de Autores y Editores (SGAE) y lo hace teniendo en cuenta dos parámetros: por una parte, qué recaudación ha alcanzado la taquilla en aquel concierto y, por otra, qué porcentaje del minutaje total del concierto ocupan las obras sujetas a derechos de autor. La SGAE se encarga de ir a los auditorios a comprobar las obras que se han interpretado, cuáles son de dominio público y cuáles no y hacer los cálculos para recaudar el porcentaje que corresponda del taquillaje. También se ocupa de hacer llegar este dinero a los autores o a sus herederos.

95 / 100

¿HACEMOS UN TRÍO?

Combinaciones instrumentales hay muchas y, si hablamos de tríos, también encontraremos formaciones muy diversas. El trío por excelencia en la música de cámara, el llamado *trío clásico*, es el formado por un violín, un violonchelo y un piano. Sus orígenes se remontan a la época del Barroco, en la que los autores cultivaron a menudo un tipo de obra basada en dos voces melódicas y una tercera que hacía de acompañamiento o de bajo. En aquellas primeras obras para trío, lo que contaba era que hubiera tres voces, no tres instrumentos, de manera que se componían obras con tres voces que podían requerir solo dos ejecutantes (clavicémbalo y violín, por ejemplo), incluso uno solo, como por ejemplo obras para órgano en las que las tres voces iban a cargo del organista.

Se considera que la primera sonata para trío entendida como trío para tres instrumentos fue la *Sonate a tre per violino, cornetto e continuo* (1610), de Giovanni Paolo Cima, plenamente contemporánea de los *Scherzi musicali a tre voci*, de Claudio Monteverdi. El desarrollo de estos tríos durante el Barroco llegó a producir obras de gran nivel como las cuarenta y ocho *Sonate a tre* que Arcangelo Corelli completó en el año 1694.

En el Clasicismo el trío se siguió desarrollando y lo encontramos, principalmente, con dos formas: o bien con tres instrumentos melódicos —como el *Trío op. 14* (1772) de Boccherini—, o bien con dos instrumentos melódicos y un instrumento de tecla. De este último modelo es de donde surge directamente el trío clásico, el trío para violín, violonchelo y piano. En las primeras obras de este tipo, el instrumento más importante era el de tecla (o bien el clavicémbalo o bien el *fortepiano*), mientras que el violín y el violonchelo hacían el trabajo de acompañamiento, como es el caso de las *Sonatas para clavicémbalo con acompañamiento de violín y violonchelo*, de Carl Philipp Emanuel Bach. Más adelante, el violín empezó a ser más libre, pero la voz del violonchelo seguía doblando la mano izquierda del piano y poco más, como en las *Seis sonatas para clavicémbalo con acompañamiento de violín o flauta y violonchelo*, de Johann Christian Bach (otro de los hijos insignes de Johann Sebastian).

Los tríos de Mozart marcaron un antes y un después en el tratamiento de esta formación. En sus tríos escritos entre 1786 y 1788, los tres instrumentos adquieren papeles independientes, autónomos, dialogan en términos de igualdad, o en dos bloques: el piano por una parte y el dúo violín-violonchelo por otra. Con Mozart llegó la consolidación de la formación de trío como conjunto indispensable en la música de cámara a un nivel comparable al del cuarteto de cuerda. A partir de Beethoven, la exploración de la formación será continua, con momentos cumbre entre los cuales se cuentan tríos del mismo Beethoven, de Schubert, de Mendelssohn, de Schumann, de Brahms, de Smetana o de Dvorák.

96 / 100

DEL AUDITORIO AL CINE

Los hermanos Lumière presentaron el 28 de diciembre de 1895 el cinematógrafo y, ya en la sesión de presentación en el Salón Indio del Gran Café de París, enseñaron las prestaciones documentales que permitía el artilugio (con películas como *La salida de la fábrica*), pero también las prestaciones dramáticas con películas de 50 segundos como *El regador regado*. Pronto vieron que, acompañando las proyecciones con la música de un piano tocado en directo, conseguían dos cosas: por una parte, tapar un poco el ruido que hacía la máquina de proyección y, por otra, subrayar las emociones que transmitían las diferentes escenas (miedo, amor, tensión, felicidad...).

La música fue una de las principales aliadas del cine desde sus inicios y, hasta que se desarrolló la tecnología que permitió grabar el sonido y reproducirlo de forma sincronizada con las imágenes (1927), la música en el cine se hizo durante más de 30 años con músicos en directo: a veces solo con piano, pero a veces con una pequeña orquesta.

Uno de los compositores franceses más reputados de la música clásica, Camille Saint-Saëns, fue uno de los primeros en aceptar un encargo para componer música de cine: en 1908 hizo la banda sonora para *El asesinato del duque de Guise*, una película de 18 minutos que, cuando se proyectaba, tenía que contar con un grupo de cámara que interpretara la música en vivo.

Desde aquel momento, muchos compositores de formación clásica se han dedicado a la composición cinematográfica, pero también han sido muchos los directores de cine que, directamente, han utilizado obras de música clásica para ponerlas en sus películas.

Ejemplos notables son *La cabalgata de las valkirias*, de Wagner, que aparece en docenas de películas, pero destaca sobre todo en los dos títulos indispensables sobre la guerra de Vietnam: *Apocalipse Now* y *Platoon*. Esta última también utilizó el famoso *Adagio para cuerdas* de Samuel Barber. O la *Tocata y fuga en re menor*, de Bach, que aparece en infinidad de títulos, especialmente cada vez que sale un malvado tocando el órgano (como en 20.000 *leguas de viaje submarino* o en *Dr. Jekyll y Mr. Hyde*). Bach también fue el compañero sonoro de Hannibal Lecter (*El silencio de los corderos*) mientras saboreaba la sangre al son de las *Variaciones Goldberg*. Beethoven también tiene sus momentos de gloria cinematográficos con la *Sinfonía n.º 9*, que aparece en *La naranja mecánica* y en *El club de los poetas muertos*, y con la *Sinfonía n.º 7*, en *El discurso del rey*. Sin olvidar a Mozart con su *Concierto para clarinete* en *Memorias de África* o la espectacular *Obertura 1812*, de Chaikovski, en *V de Vendetta*.

Uno de los casos más singulares de la clásica en el cine es el de *2001, una odisea en el espacio*: el director Stanley Kubrick encargó la música a Alex North, un músico de gran prestigio (ya llevaba 9 candidaturas a los Oscar) con el que había trabajado anteriormente, pero a última hora, y sin decirle nada, decidió prescindir de la partitura de North y utilizar diferentes fragmentos de música clásica de obras como *Así habló Zaratustra*, de Richard Strauss; *El Danubio azul*, de Johann Strauss, o *Réquiem*, *Lux Aeterna*, *Atmosphères* y *Aventures*, de György Ligeti. Alex North fue invitado a la primera proyección y, a medida que la película avanzaba, iba descubriendo que de su música no aparecía ni una sola nota. Mucho antes del final abandonó la sala profundamente indignado.

97 / 100

Y LOS CONCURSOS, ¿QUÉ?

En el mundo de la música clásica hay concursos de todo tipo: de solistas, de directores, de grupos de cámara, de composición, de la mejor interpretación de un autor en concreto… Algunos de ellos, los de más prestigio, se traducen en trabajo seguro para sus ganadores, otros reparten en premios una buena cantidad de dinero y otros dan la oportunidad de tocar un stradivarius.

El Concurso Reina Isabel de Bélgica se celebra desde el año 1937 e inicialmente solo era para intérpretes de violín. Después se abrió a la modalidad de piano, más adelante a la de canto y, desde 2017, también al violonchelo. Ganar el primer premio incluye ingresar 25.000 euros, firmar un contrato para realizar varios conciertos, grabar un CD y, si la especialidad es el violín, tener en préstamo durante tres años un violín stradivarius cedido por la Nippon Foundation. Dos míticos ganadores de este concurso fueron el violinista David Oistrak y el pianista Vladimir Ashkenazy, quienes después se convirtieron en intérpretes de gran prestigio internacional.

Los pianistas son los que disfrutan de más concursos por todo el mundo. Hay unos cuantos dedicados a grandes compositores pianísticos, como el Concurso Chopin de Varsovia, el Franz Liszt de Utrecht o el Beethoven de Viena. Pero también hay otros muy prestigiosos como el Van Cliburn de Texas (dedicado al gran pianista norteamericano Van Cliburn, que ganó el concurso Chaikovski en plena Guerra Fría), el de Leeds (ganado por Radu Lupu), el Artur Rubinstein de Tel Aviv (activo desde 1974), el Paloma O'Shea de Santander (ganado dos veces por el barcelonés Josep Colom) o el Maria Canals de Barcelona (activo desde 1954 y ganado por pianistas como Miquel Farré o Leonora Milà).

El pianista ruso Ivo Pogorelich saltó a la fama curiosamente por no ganar el Concurso Chopin: fue eliminado y una miembro del jurado renunció debido a esta decisión. La noticia dio la vuelta al mundo porque la miembro del jurado era ni más ni menos que Martha Argerich, probablemente la mejor pianista del mundo (que precisamente había ganado aquel concurso 15 años antes).

Los violinistas se desviven por ganar concursos como el Chaikovski de Moscú (que han ganado grandes figuras como Gidon Kremer o Viktoria Mullova), el Concurso Paganini de Génova, activo desde 1954 (que también ganó Gidon Kremer, y en el año 1993 Isabelle Faust) o el Concurso Pablo Sarasate de Madrid, activo desde 1910 pero restringido a los alumnos del Conservatorio de Madrid. El año 1957 lo ganó Enrique García Asensio, que se hizo popular años después como director de la Orquesta de Radio Televisión Española. Desde 1991 también hay un concurso Sarasate en Pamplona que, de hecho, es la ciudad natal de este gran violinista del Romanticismo.

98 / 100

VIOLINISTAS: SHERLOCK, CHAPLIN Y EINSTEIN

Hay mucha gente que toca el violín en círculos íntimos (o el piano, o el oboe, o la armónica…) porque la música es vida. No hay que ser profesional de la música para disfrutar de la interpretación, cada uno hasta donde se sienta cómodo. A estas alturas ya no hace falta que estemos pendientes de los recurrentes estudios de la Universidad de Massachusetts que demuestran las bondades de la música, su capacidad para potenciar inteligencias emocionales, lógico-matemáticas, lingüístico-verbales o las que sean.

El escritor Sir Arthur Conan Doyle nos presentó al detective Sherlock Holmes hace 130 años (la primera narración donde aparece es de 1887), y lo convirtió en protagonista de cuatro novelas y de más de 50 relatos. Una de las particularidades del personaje es que toca el violín. Pero lo hace para evadirse del mundo, para concentrarse, para dejar libre su cerebro y su alma. Según nos explica el Dr. Watson, lo que hace Holmes con el violín es, básicamente, improvisar. En uno de los capítulos, sin embargo, sí interpreta una pieza en concreto: la famosa «Barcarola», de *Los cuentos de Hoffmann*, del compositor Jacques Offenbach. Holmes se declara fan incondicional de Paganini y en dos de sus aventuras asiste a recitales de violín: uno protagonizado por la gran solista de Moravia establecida en Londres Wilma Neruda y el otro por el violinista navarro Pablo Sarasate (aclaremos que los dos son personajes reales, virtuosos de la época). En otro capítulo nos explica que compró su violín a un precio regalado, según él pagó 200 veces menos de lo que realmente vale: naturalmente se trata de un stradivarius.

Un personaje (quizás más real que Holmes) que hizo de la música una parte importante de su vida fue el físico Albert Einstein, gran admirador de la música de Mozart («Es tan pura que parece que siempre haya estado en el Universo hasta que él la descubrió») y de Bach, pero muy crítico con Wagner y Debussy. Tocaba el violín y el piano y, como Holmes, necesitaba improvisar melodías, sonidos, frases musicales, cuando su cerebro trabajaba. Cuando Einstein visitó Barcelona en el año 1923, entre conferencias y actos académicos también le ofrecieron actuaciones musicales de guitarra, de trío clásico, de *lieder* y de música para cobla.

El gran actor y director cinematográfico Charles Chaplin también fue el compositor de la música de muchas de sus propias películas: incluso en 1972 ganó uno premio Oscar a la mejor banda sonora para *Limelight* veinte años después de haberla estrenado en Europa (en Estados Unidos se vetó en plena «caza de brujas» por las supuestas simpatías comunistas de su director). Chaplin siempre se consideró músico amateur: no sabía escribir ni leer partituras, pero tenía una gran capacidad melódica. Tocaba el violín, también a un nivel amateur, pero la música que componía para sus películas solía crearla violín en mano. Como empezó de forma autodidacta y era zurdo, en todas las películas en las que aparece tocando el violín lo vemos cogiendo el arco con la mano izquierda y sujetando el instrumento con la derecha: cambió las cuerdas de lugar y listos.

99 / 100

¡NO ME GUSTA LA MÚSICA CLÁSICA!

De acuerdo, eso puede ocurrir: no me gusta la clásica porque las obras duran demasiado, o porque no se entiende nada de lo que dicen los cantantes, o porque no sé cuándo se tiene que aplaudir, o porque la música así, sola, no me dice nada…

A mí tampoco me gusta el fútbol americano porque no lo entiendo: veo gente corriendo arriba y abajo, deteniendo el juego cada dos por tres, a veces no veo ni la pelota (me parece que no se llama *pelota*…) pero una vez lo miré un rato por la tele con un buen amigo que me iba explicando qué pasaba en cada momento y, mira por dónde, lo encontré interesante y divertido. No me he convertido en un fan incondicional, pero ahora empiezo a encontrarle el gustillo.

Conocer es el primer paso para amar y la música clásica se disfruta más si se la conoce un poco. Si tenéis algún amigo que se declara clasicofóbico, regaladle este libro, que lo único que pretende es dar cuatro ideas para comprender un poco mejor el mundo de la música clásica y así poder acercarla a todo el mundo. De todos modos, la clásica requiere un poco de esfuerzo: si vuestro amigo quiere entrar de verdad, tendrá que poner un poco de su parte. El esfuerzo, sin embargo, será saludable y agradable: se trata de abrir la mente y el corazón, de salir del área de confort musical durante un rato para conocer otras realidades sonoras.

La música (la clásica también) solo tiene una finalidad: removernos por dentro. Y a cada uno de nosotros nos moverá de una manera o de otra, pero hay que dejar que entre: que entre el sonido, que entren los diferentes timbres, los ritmos, los movimientos de los músicos, el olor del auditorio, las reacciones de la gente…

Y si lo hacemos de forma sincera y sin prejuicios, seguro que la música clásica nos emocionará.

Eso sí: la clásica es tan diversa que quizás habrá que buscar un poco antes de encontrar aquella que realmente nos guste, o la que nos resulte más adecuada según el momento. Cuando a los 15 años descubrí la música de Erik Satie tuve una revelación y pensé que con aquello ya tendría suficiente para vivir, pero a lo largo de la vida he ido teniendo otras iluminaciones musicales (Mompou, Bartók, Pärt, Cabezón, Nyman, Gerhard, Britten, Varese…) y espero no parar de tenerlas.

A los que no les gusta la clásica solo hay que recordarles que el 80% de la música de cine que escuchan en las películas responde totalmente al concepto de *música clásica*. Quizás no nos fijamos mucho porque la imagen pesa mucho, pero las bandas sonoras se basan, desde que existe el cine sonoro, en las estructuras, timbres y recursos de la clásica. ¡Puede ser una buena forma de empezar a afinar el oído!

Pero si alguien no entra, pues no entra. ¡Qué le vamos a hacer! Pero insisto: ir a un concierto de música clásica es una experiencia enriquecedora, vital y energética que vale la pena descubrir. Y si, por aquellas cosas de la vida, la experiencia os atrapa, ¡no luchéis en contra! Dejaos llevar, que tenéis 500 años de historia sonora por descubrir.

100 / 100

DICCIONARIO DE URGENCIA

Bis: repetición, al final del concierto, de una (o de un fragmento) de las obras que se han interpretado durante la audición para corresponder a los aplausos del público. Si se interpreta una obra diferente de las del programa, se denomina *propina*.

Cadenza (o cadencia): fragmento de virtuosismo dentro de un concierto para instrumento solista, sin acompañamiento de la orquesta, que puede dejarse a la improvisación del intérprete, aunque la mayoría de compositores prefieren escribirlo.

Concierto: puede referirse a un espectáculo musical («Esta noche iré a un concierto de música clásica») o bien a un tipo de obra pensada para la exhibición de un instrumento solista que normalmente tiene tres partes («Me encanta el *Concierto para violín y orquesta* de Mendelssohn»).

Concertino: el primer violín de la orquesta, el que se sitúa justo a la izquierda del director. Si no hay director, el concertino asume sus funciones.

Lied: canción, en alemán. El plural es *lieder*. Se trata de canciones, habitualmente para voz y piano, poéticas y de gran sensibilidad escritas por autores como Mozart, Beethoven, Schubert, Schumann, Brahms o Toldrà.

Movimiento: cada una de las partes de una obra musical. Los conciertos para instrumento solista acostumbran a tener tres movimientos; las sinfonías y las sonatas, cuatro, y las suites pueden tener cinco, seis o incluso más.

Obertura: pieza instrumental breve que se interpreta antes de empezar una ópera. Muchas oberturas operísticas se han consolidado como piezas de concierto en el repertorio de las orquestas sinfónicas como la de *Guillermo Tell*, de Rossini, o la de *Carmen*, de Bizet. También hay oberturas que no preceden a ninguna ópera, como *Las Hébridas*, de Mendelssohn, o la *Obertura 1812*, de Chaikovski.

ORATORIO: obra musical de grandes dimensiones para orquesta y coro normalmente de temática sacra, como *El Mesías*, de Händel, o *El Pesebre*, de Pau Casals.

PARTICHELA: partitura que contiene solo las notas que tiene que interpretar un instrumento, a diferencia de la partitura de dirección, que contiene las partes de todos los instrumentos de la obra.

ZARZUELA: versión española de la ópera popular, incluye diálogos y números de bailes populares. Algunos de los grandes autores de zarzuela fueron Asenjo Barbieri (*El barberillo de Lavapiés*), Pablo Sorozábal (*La tabernera del puerto*), Federico Chueca (*Agua, azucarillos y aguardiente*), Gerónimo Giménez (*La boda de Luis Alonso*), Jacinto Guerrero (*La rosa del azafrán*), Ruperto Chapí (*La revoltosa*) o Amadeu Vives (*Doña Francisquita*).

PROPINA: 100 AUDICIONES

Aquí tenéis una propuesta de 100 audiciones de música clásica en el sentido más amplio del término. Una audición para acompañar cada capítulo del libro. Encontraréis de todo: música sinfónica, de cámara, coral, para banda, de autores de aquí y de allí, obras muy largas y otras muy breves… Esperamos que algunas de ellas os emocionen y os abran el camino para descubrir otras. Solo hay que copiar el nombre del autor y el título de la obra en cualquier buscador de Internet y enseguida os aparecerán diferentes versiones de la obra que proponemos. Porque leer sobre música clásica está muy bien, ¡pero nada puede sustituir el escucharla!

DE CLÁSICA Y NO TAN CLÁSICA

1. Mozart: *Pequeña serenata nocturna*
2. Dowland: *Lachrimae*
3. Anónimo: *Salve Regina* (canto gregoriano)
4. Anónimo: *Epitafio de Seikilos*
5. Palestrina: *Hodie Christus natus est*
6. Bartók: *Danzas rumanas*
7. Stockhausen: *Helicopter String Quartet*
8. Telemann: *Don Quijote. Suite*
9. Mozart: *Concierto para piano n.º 23*
10. Barber: *Adagio para cuerdas*

DE COMPOSITORES

11. Cabezón: *Diferencias sobre «Guárdame las vacas»*
12. Vivaldi: *Concierto para flauta sopranino y orquesta*

13. Haydn: *Sinfonía n.º 104 «Londres»*
14. Beethoven: *Sonata para piano n.º 14 «Claro de luna»*
15. Brahms: *Danza húngara n.º 5*
16. Rimsky-Kórsakov: *Scheherezade*
17. Debussy: *Preludio a la siesta de un fauno*
18. Elgar: *Variaciones Enigma*
19. Puccini: «Nessun dorma», de *Turandot*
20. Granados: «Intermezzo», de *Goyescas*
21. Gershwin: *Rhapsody in blue*
22. Piazzolla: *Libertango*

DE VIRTUOSOS Y DIRECTORES

23. Paganini: *Capricho n.º 24*
24. Liszt: *Rapsodia húngara n.º 2*
25. Schumann, Clara: *Concierto para piano op. 7*
26. Beethoven: *Sinfonía n.º 5*
27. Rajmáninov: *Concierto para piano n.º 2*
28. Händel: «Lascia ch'io pianga», de *Rinaldo*
29. Bach: *Suite n.º 1 para violonchelo*
30. Chopin: *Fantasia impromptu*
31. Tartini: *El trino del diablo*
32. Vivaldi: *Gloria*

DE SONATAS Y SINFONÍAS

33. Bach: *Tocata y fuga en re menor*
34. Bartók: *Cuarteto de cuerda n.º 1*
35. Monteverdi: «Obertura», de *Orfeo*
36. Strauss: *Así habló Zaratustra*
37. Bellini: «Casta diva», de *Norma*
38. Haydn: *Sinfonía n.º 45 «Los adioses»*
39. Orff: *Carmina Burana*
40. Chaikovski: *Concierto para violín*
41. Händel: *Música para los reales fuegos artificiales*
42. Beethoven: «Himno de la alegría», de la *Sinfonía n.º 9*

DE AUDITORIOS Y FESTIVALES

72. Strauss: *El Danubio azul*
73. Berg: *Concierto para violín «A la memoria de un ángel»*
74. Copland: *Fanfarria para el hombre común*
75. Messiæn: *Cuarteto para el fin de los tiempos*
76. Verdi: «La dona è mobile», de *Rigoletto*
77. Wagner: «Obertura», de *Los maestros cantores de Nuremberg*
78. Mompou: *Canción y danza n.º 3*
79. Falla: «Danza ritual del fuego», de *El amor brujo*

DE OBRAS Y OBREROS

80. Oltra: *Amor mariner*
81. Schubert: *Sinfonía n.º 8 «Inacabada»*
82. Anónimo: *Llibre Vermell de Montserrat* (Libro rojo)
83. Bach: *Jesus bleibet mein Freude* de la *Cantata BWV 147*
84. Pergolesi: *Stabat Mater*
85. Britten: *Réquiem de guerra*
86. Mozart: *Réquiem*
87. Händel: *El Mesías*
88. Satie: *Deportes y diversiones*
89. Casals: *Sant Martí del Canigó*
90. Schönberg: *Suite para piano op. 25*
91. Verdi: «Coro de esclavos», de *Nabucco*

DE ENTENDIDOS Y AFICIONADOS

92. Varese: *Ionización*
93. Janacek: *Sinfonietta*
94. Sibelius: *Sinfonía n.º 2*
95. Dvorák: *Trío n.º 4 «Dumky»*
96. Wagner: *La cabalgata de las Valquirias*
97. Sarasate: *Zapateado para violín i piano*
98. Offenbach: «Barcarola», de *Los cuentos de Hoffmann*
99. Rota: «Vals», de *El padrino*
100. Giménez: «Intermedio», de *La boda de Luis Alonso*

ÍNDICE